어서와!
전월세는 처음이지?

어서와! 전월세는 처음이지?
민달팽이를 위한 전월세 사용설명서

초판 1쇄 인쇄 2017년 4월 1일

지은이 구본기
만   화 박도훈

펴낸이 윤주용
펴낸곳 초록비책공방
출판등록 2013년 4월 25일 제2013-000130
주소 서울시 마포구 월드컵북로 400 문화콘텐츠센터 5층 19호
전화 0505-566-5522 팩스 02-6008-1777
메일 jooyongy@daum.net
포스트 http://post.naver.com/jooyongy

ISBN 979-11-86358-24-5 (03320)

이 도서의 국립중앙도서관 출판예정도서목록(CIP)은 서지정보유통지원시스템 홈페이
지(http://seoji.nl.go.kr)와 국가자료공동목록시스템(http://www.nl.go.kr/kolisnet)
에서 이용하실 수 있습니다.(CIP제어번호: CIP2017006696)

어서와!
전월세는 처음이지?

민달팽이를 위한 전월세 사용설명서

구본기 지음, **박도훈** 만화

차 례

CHAPTER. 01   **#정보수집활동 # 임장활동**

CHAPTER. 02   **#권리관계분석 #임대차계약**

집집이
임차인이 전월세 문제로 고민하고 있을 때
키다리 아저씨처럼 도와주는 집의 요정이다.
집의 요정인 만큼 주택임대차에 대해서 박식하다.
제멋대로 하는 성격이지만 먹을 것을 좋아해서
과자만 주면 술술~ 정보를 쏟아낸다.

민달팽이
순진하고 다른 사람들이 하는 말을 쉽게 믿는다.
보일러도 고장난 반지하에서 월세로 살며
아르바이트로 생계를 이어가고 있다.
임대차계약 만료일이 다가와서 새로운 방을
구하려 하지만, 아르바이트비까지 싹싹
긁어보아도 보증금 1,000만 원에 30만 원
월세방도 구하기 힘든 형편이다.
집집이의 도움으로 전월세에 관한
해박한 지식을 갖게 된다.

저, 조금만 더 생각해보고 말씀드릴게요.

에이~ 생각하고 자시고 할 게 뭐 있어? 이만큼 싼 집이 어디 있다구~

쪽~

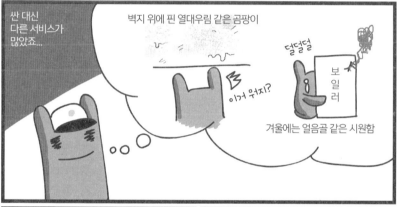

싼 대신 다른 서비스가 많았죠...

벽지 위에 핀 열대우림 같은 곰팡이

이거 뭐지?

덜덜덜

보 일 러

겨울에는 얼음골 같은 시원함

그런데... 내가 가진 돈으로 괜찮은 방을 구할 수 있을까?

가만 있어 보자. 알바비하고 지금 사는 집 보증금 500하고... 잘하면 1,000만 원은 만들 수 있겠다.

민달팽이족

내 집 없이 전월세를 전전해가며 살아가는 이들을 껍데기 없이 살아가는 민달팽이에 빗대어 부르는 신조어입니다. 세입자는 곧 민달팽이인 거지요. 지금 당신이 펼쳐든 이 책은 '민달팽이가 알아야 할 임대차(전월세)에 관한 거의 모든 상식'을 다루는 것을 목적으로 기획된 책입니다.

왜 전월세 임대차를 공부해야 하는가?

임대차계약을 체결하는 데 있어서 당사자(민달팽이, 집주인)가 각각 짊어져야 할 위험의 크기는 민달팽이가 집주인을 압도합니다. 보증금이라 일컫는 돈의 흐름 때문이지요. 전세건 월세건 간에 돈을 치르는 이

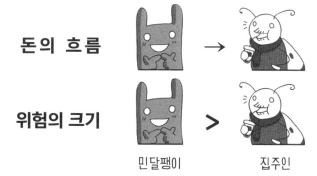

	민달팽이		집주인
돈의 흐름		→	
위험의 크기		>	

는 결국에 민달팽이거든요.

　민달팽이가 고시원이나 여관방에서 생활하는 이유는 대개 월세 원룸의 보증금을 마련하지 못했기 때문입니다. 또 민달팽이가 월세로 살아가는 이유 역시 보통은 전세보증금을 마련하지 못했기 때문이지요. 민달팽이가 전세로 살아가는 이유 또한 마찬가지로 집 살 돈을 마련하지 못해서입니다. 즉 민달팽이에게 있어서 임대차 보증금이란 곧 전 재산이나 다름이 없는 것이지요. 전 재산이 걸린 일이니 이에 관한 임대차 공부는 필수가 아닐까요?

"

민달팽이에게 임대차 보증금은
전 재산이다!

"공인중개사에게 맡기면 되는 거 아닌가요?"

어쩌면 당신은 제게 이렇게 묻고 싶을지 모릅니다. 하지만 그렇지 않습니다. 일반적으로 이런 물음은 '개업공인중개사[*]'가 가입 중인 '보증보험'에 대한 신뢰에서 비롯됩니다.[1] 설령 개업공인중개사가 중개사고를 일으켜도, 보증보험을 통해서 손해를 보상받을 수 있다고 여기는 것이지요. 그런데 이는 오해입니다. 그 까닭을 설명하겠습니다.

부동산중개사무소 쇼윈도에 보면 **"중개사고 손해배상책임보증 1억 원!"** 이라고 쓰인 스티커가 붙어 있습니다. 말 그대로 개업공인중개사가 가입한 '보증보험(공제)의 가입금액이 1억 원'이라는 뜻입니다. 그럼 개업공인중개사의 고의 또는 과실에 의해 중개사고가 발생을 하면, 예컨대 개업공인중개사의 부주의로 집주인을 사칭한 사기꾼에게 사기를 당하면, '손해를 입은 중개의뢰인(민달팽이)'은 일반 자동차보험처럼 수주일 내로 1억 원 한도 내에서 보험금을 지급받을 수 있을까요?

아닙니다. 먼저 소송을 통해서 개업공인중개사의 손해배상책임범위(0~100%)를 확정짓고, 후에 그 확정판결문을 증빙서류로 보험사에 제출하면[2], 그중에서 1억 원 이하의 금액을 보상받게 됩니다. 즉 손해 입

---

[*]   공인중개사란 공인중개사 자격증을 취득한 사람을 일컫는 용어입니다. 따라서 '장롱면허'라고 해도 공인중개사라고 불립니다. '실제로 사무소를 차려 중개를 업으로 하는 사람'을 일컫는 용어는 '개업공인중개사'입니다.

은 전액을 (1억 원 한도 안에서) 보상받을 수 있는 것이 아니며, 보험금을 지급받기 위해선 손해배상청구소송까지 거쳐야 한다는 것이지요.** 이떤 가요? 개업공인중개사의 과실을 입증하는 것이 녹록하지만은 않겠지요? '보험'이라는 이름이 무색할 정도로 실효성이 떨어지지요?

결국 임대차계약에 의한 손해를 방지하려면, 계약자 스스로가 2중, 3중의 대비책을 세우는 수밖에 없습니다. 그 대비책 중의 하나가 바로 '개업공인중개사를 통한 계약서의 작성'이지, 그것이 '유일하고 완벽한 대비책'인 건 아닙니다.

또한 개업공인중개사의 업무범위는 '계약체결'에 한정되어있기 때문에, 계약 이후 거주나 퇴거 중에 빚어지는 여러 문제, 가령 임대인이 지나칠 정도로 월세를 증액한다거나 계약 만료일이 지나도록 보증금을 돌려주지 않는다거나 하는 문제를 '원만히 해결'하기 위해서라도 임대차에 관한 공부는 꼭 필요합니다.

주택 임대차, 어떻게 무엇을 알아야 하나?

민달팽이들은 보통 2년을 주기로 거주지를 옮겨 다닙니다. 『주택임대

**   '손해배상합의서' 등도 증빙서류가 될 수 있지만(『공인중개사법 시행령』 제26조 제1항), 수천만 원에서 수억 원이 걸린 보증금 문제에 서로의 손해배상 책임범위를 흔쾌히 타협하는 경우는 거의 없기 때문에 '소송을 거쳐야 한다'고 설명했습니다.

차보호법』에 의해 보호받을 수 있는 임대차 기간이 2년이기 때문에 벌어지는 현상입니다(이에 관한 자세한 사항은 본문에서 다루도록 하겠습니다.).

　이사, 또 이사, 그리고 다시 또 이사… 언제까지고 꼬리에 꼬리를 물고 반복될 것 같은 '이사와 이사 사이(퇴거와 입주, 입주와 퇴거 사이)'에는 일정한 단계가 있습니다.

그림. 이사와 이사 사이의 꼬리를 무는 단계

1단계 : 거주할 지역을 선정하고 정보를 수집하는 동시에 실제로 발품을 팔아 임차할 집을 살펴보는 정보수집 및 임장활동의 단계

2단계 : 임차하고자 하는 집의 권리관계를 분석하고 임대차계약을 체결하는 권리분석 및 계약의 단계

3단계 : 계약한 집에 입주해 살림을 꾸려나가는 거주의 단계(통상 2년).

4단계 : 계약기간이 만료되어 집을 비워주는 퇴거의 단계

임대차에서 또 다른 임대차로 순환하는 경우에는 3단계가 1단계와 2단계에 선행합니다(그림의 검은색 화살표 참조). 이 책에서는 1, 2, 3, 4단계를 빨간색 점선의 흐름에 따라 네 개의 챕터로 나누어서 다룹니다.

너무 가볍지 않게, 너무 어렵지도 않게

이 책의 집필을 시작하기 전, 기존에 출간된 임대차 관련 서적들을 두루 살펴보았습니다. 성격이 크게 다음 두 가지로 나뉘더군요.

너무 가볍거나(쉽거나)

너무 무겁거나(어렵거나)

가벼운 책은 초보자를 위해 쓰였다는 기치를 내걸곤 있지만, 현장의 상황이 조금만 복잡해져도 무용지물이 될 만큼의 간출한 지식만을 다루고 있다는 점에서 아쉽고, 무거운 책은 '저자가 자신의 지식을 뽐내려 일부러 복잡하게 쓴 건 아닌가' 하는 의구심이 들 정도로 독자에 대한 배려가 부족해보였습니다. 이런 문제의식에 기초한 이 책은 지식의 중간 무게(중간 난이도)를 지향합니다.

이 책의 원칙 3가지

저는 독자인 당신이 후에 실제의 임대차 관련 분쟁 등에 임할 때 명확한 근거와 논리로 '자신에 찬 주장'을 펼칠 수 있기를 바랍니다. 제 이런 개인적 바람에 의거하여 다음과 같은 세 가지 집필 원칙에 기초하여 이 책을 썼습니다.

첫째, 주요 서술의 법률적 근거를 최대한으로 표시한다.
둘째, '되도록이면 정확한 용어'를 사용한다.
셋째, 가능한 자세히 설명한다.

특히 첫째 원칙에 비중을 많이 두었습니다. 부동산 이야기는 결국 법률 이야기입니다. 즉 임대인 등과의 임대차 관련 문제가 발생하면 "대체 무슨 법, 어떤 조항을 근거로 그런 주장을 펼치느냐?"는 설전이 오가게 마련입니다. 그럴 때 서술의 근거가 되는 법률 조항을 명시하지 않은 책으로 공부를 한 임차인은 꿀 먹은 벙어리가 되는 것 말고는 다른 방도가 없습니다. 그런 사태를 미연에 방지하고자 책의 미주를 활용, 관련 법률의 조문번호 및 판례*의 제목을 최대한으로 표시했습니다.

따라서 본문을 읽다가 서술의 이유가 되는 법률의 조문 또는 판례의 내용이 궁금할 때에는 미주를 참고로 인터넷을 검색하거나** 부록에 담긴 『민법』과 『주택임대차보호법』, 『주택임대차보호법 시행령』과 맞춰보면 될 것입니다.

---

*   법원이 특정 소송사건에 대해 법을 해석·적용하여 내린 판단의 선례를 판례(判例)라고 합니다. 원칙상 특정 소송에 관해 내린 법원의 판단은 해당 사건에만 효력이 있고, 다른 사건에 대해서는 구속력이 없습니다. 그러나 후에 유사한 사건이 제소되어 법원이 재판을 할 경우 먼저의 재판이 참고가 되기 때문에 사실상으론 구속력을 발휘한다고 할 수 있습니다.

**   인터넷으로 판례 검색하는 방법 : 대법원종합법률정보(http://glaw.scourt.go.kr) > 판례 > 검색창에 '사건번호(예 : 94다27427)' 입력

CHAPTER.01
#정보수집활동
#임장활동

SECTION. 01

집 보러 다니기 전에
알아둘 것들

가보면 금방 뽀록날 텐데, 왜 거짓말을 하겠냐? 너 바보냐?

얘.. 바보 맞구나.

사람을 오으려고 거짓 가격을 올릴 수 있다는 생각은 정말 안 해본 거야?

뭐?

아! 그럴 수도 있겠구나.

매물의 가격은 그때 그때의 수요공급 상태 등에 따라 정해져. 그걸 시세라고 하지. 스마트폰에 나온 가격은 참고만 해.

시세?

호가   거짓호가   실거래가

시세는 크게 세 가지로 구분할 수 있어.

호가는 집주인이 처음에 부른 가격이야. 집주인이 희망하는 가격일 뿐 확정된 가격은 아닌 거지.

좀 더 올리고 싶지만 이 정만 부르자.

10,000

거짓호가는 고객을 유인하기 위한 가격이야. 일부러 좋은 매물의 가격을 낮게 불러서 사람들을 모이게 하지.

12,000

1,000

와! 싸다~

실거래가는 말 그대로 실제로 거래되는 가격을 말해.

이 가격으로 거래되었습니다!

탕! 탕!

9,000

오~! 그렇구나. 쉬운 게 없군.

싼 것 같아서 가보면 완전 딴 곳인데도 같은 애물이라고 우기는 경우가 있어. 그것도 거짓 호가에 속하지.

그럼, 실거래가를 반드시 확인해야겠네.

빈집 완전 바보는 아니군.

뭐야? 이래뵈도 나 장학금도 타봤다구. 그런데 실거래가는 어디서 확인해야 하는 거지?

그거슨~ 말야. 국토교통부실거래가 사이트에서 바로바로 확인할 수 있지.

아파트, 단독, 다가구, 오피스텔 등등.. 실거래가를 손쉽게 볼 수 있는 사이트인데.. 내가 생각해도 난 정말 대단하단 말야. 내가 집에 대해서 모르는 건 하나도 없걸랑 ~~

쫑알쫑알 쫑알쫑알

거주할 지역을 선정하고 임대차·매매 등의 희망 주거형태를 결정짓는 사항에는 개인의 이념과 주관, 가치관이 다분히 개입되기 마련입니다. 따라서 '상식을 전하는 것'을 목적으로 하는 이 책은 이에 관한 내용은 따로 다루지 않도록 하겠습니다. 하지만 혹 지금 당신이 전세로 머물러야 할지 매매로 갈아타야 할지를 심각하게 고민하고 계신 중이라면, 『월급을 경영하라(쌤앤파커스, 2015)』를 참고하시길 바랍니다.

임대주택 정보 다 모여 있는 '마이홈'

정부와 한국토지주택공사 등이 서민들이 저렴한 비용으로 주거안정을 누릴 수 있도록 공공임대주택, 영구임대주택, 국민임대주택, 장기전세주택 등 다양한 방식으로 공급을 하는 주택을 통칭해서 임대주택이라

고 합니다. 자고로 민달팽이라면 정보수집과정에서 임대주택에 관심을
갖지 않을 수가 없습니다. 그러나 애석하게도 임대주택에 대한 정보는
방대할뿐더러, 정책 방향에 따라 빠르게 변화하기 때문에 책으로 다루
기엔 부적절합니다.

다행히 최근 전국 30여 개 기관에 흩어져 있는 임대주택 정보를 하나
로 모아 알기 쉽게 제공해주는 마이홈(https://www.myhome.go.kr)이
라는 사이트가 생겼습니다. 국토교통부가 관리를 하고 있으며 임대주택
정보를 지도상의 이미지로 제공하는 것은 물론, 수요자 개개인에게 적
합한 임대주택을 쉽게 찾을 수 있도록 검색하는 기능도 갖추고 있으니,
꼭 한번 방문해보시길 바랍니다.

'진짜 시세' 확인하는 방법

거주예정지역을 방문하기에 앞서 인터넷으로 시세를 확인하는 것이
일반적인 정보수집 방법입니다. 보통 네이버나 다음 등의 포털사이트나
'직방', '다방' 등의 어플리케이션을 이용합니다. 그런데 이는 별로 권해
드리고 싶은 방법이 아닙니다. 허위 매물이 너무 많기 때문입니다.

인터넷 매물의 대부분은 개업공인중개사가 등록을 합니다. 그런데
사진과 임대료 등의 정보를 확인한 후 중개업소에 방문을 해보면 "그건
방금 나갔다." 혹은 "사실 이미 예전에 나간 매물이다."라면서 다른 곳

으로 안내하기 일쑤입니다(중고차 브로커들도 즐겨 쓰는 방법입니다.). 이러한 '영업 현실'을 감안, 인터넷 매물을 통한 시세 확인에는 그 정확도(진실성) 면에서 상당한 의문이 제기될 수밖에 없습니다. 그래서 시세파악을 위한 보다 나은 방법을 알려드리려 합니다.

부동산(임대차) 시세는 크게 세 가지로 구분할 수 있습니다.

1. 호가

2. 거짓호가

3. 실거래가

호가란 '임대인이 처음에 부른 가격'입니다. 과자봉지에 적혀있는 '희망소비자가격'이라고 생각하면 편합니다. 슈퍼에서 (제조업체의 희망인) 희망소비자가격을 그대로 다 받지는 않지요? 즉 호가는 조정의 여지가 있는 '아직은 확정되지 않은 가격'입니다.

거짓호가란 앞서 언급한 '허위 매물에 붙여진 가짜 가격'입니다. 고객을 유인하기 위한 수단이기 때문에 호가보다 가격이 더 낮습니다. 집을 구하려고 알아볼 때 실제로 중개사무소를 방문하기 전까진 '호가'와 '거짓호가'를 구분할 방도가 없습니다(등록되어있는 사진과 완전히 다른 엉뚱한 곳으로 안내해놓고는 "그곳이 맞다."고 우기는 경우도 부지기수입니다.).

바로 이러한 맹점 때문에 개업공인중개사들이 계속해서 허위 매물을 등록하는데(중고차 거래 시장에서 허위 매물 문제가 근절되지 않는 이유 또한 이와 같습니다.), 시장질서 아니, 호갱취급에 대한 응징을 위해서라도, 그리고 '다른 호갱'이 생기는 것을 방지하기 위해서라도, 허위 매물을 등록한 개업공인중개사와는 아예 거래를 하지 않는 것이 좋습니다(거리에 널린 게 중개업소이지 않나요?).

진짜 시세를 파악하고 싶다면 **실거래가**를 확인해보면 됩니다. 실거래가란 실제 거래가격, 즉 과거에 진정으로 거래가 이루어진 '이미 확정된 가격'을 말합니다. 국토교통부실거래가 홈페이지(http://www.molit.go.kr)에 접속하면 아파트, 연립·다세대, 단독·다가구, 오피스텔로 분류된 거주예정지역의 전월세 실거래가를 쉽게 확인할 수 있습니다.[*]

직거래 VS 개업공인중개사

중개수수료를 아낀다는 명분으로 종종 임대인과 임차인이 직거래를

---

[*]　　　임차인이 해당 주소지를 관할하는 읍·면·동 주민센터를 방문해 '확정일자(증서가 작성된 날짜에 주택임대차계약서가 존재하고 있음을 증명하기 위해, 법률상 인정되는 일자를 말합니다.)'를 요구하면, 공무원이 전산에 입력해 정보를 취합하는 방식으로 시스템이 운영되고 있습니다(확정일자에 대한 사항은 CHAPTER.02에서 자세히 다루도록 하겠습니다.).

하는 경우가 있습니다. 대수롭지 않은 금액을 보증금으로 하는 월세 임대차계약이라면 그리 해도 괜찮다고 생각됩니다. 그러나 보증금이 거의 전 재산인 계약이라면 이야기가 달라집니다.

안전한 임대차계약을 위해선 등기사항전부증명서(등기부등본), 건축물대장 등의 공부(公簿) 확인과『민법』,『주택임대차보호법』등의 법률지식에 기반한 권리분석 및 계약서 작성이 필수로 요구됩니다. 그런데 그것이 일반인이 쉬이 여길 만큼 만만치가 않습니다(지금 언급된 사항들은 모두 CHAPTER.02에서 살펴보겠습니다.).

혹 이 책을 통해 관련 지식을 습득한다 하여도, 개업공인중개사처럼 부동산시장에 상주해있는 것이 아니기 때문에, 다시 말해 임대차계약 체결 경험이 부족하기 때문에 그 식견에 있어서는 '풋내'가 날 수밖에 없습니다.

"선무당이 사람 잡는다."고 했습니다. 그러니 잘 모르는 분야, 거기에 더해 큰돈이 걸린 임대차계약을 치를 때에는 되도록 전문가인 개업공인중개사의 '도움(전적으로 신뢰하라는 건 아닙니다.)'을 받는 것이 좋습니다.

SECTION. 02

중개보수,
얼마나 줘야 하나?

개업공인중개사의 중개서비스를 통해 임대차계약을 체결할 때 각각의 중개의뢰인(임대인, 임차인)은 소정의 중개보수(수수료)를 개업공인중개사에게 지불해야 합니다.[1] 중개보수의 지급시기는 중개의뢰인과 개업공인중개사 간의 약정에 따릅니다. 그러나 약정이 없을 때에는 거래대금의 지급이 완료된 날이 곧 '보수를 지급하는 날'입니다.[2]

개업공인중개사는 (임대인과 임차인의) 임대차계약 체결(중개 완성)이 이루어져야만 비로소 중개의뢰인에게 중개보수를 청구할 수 있습니다.[3] 다시 말해 중도금·잔금 지급 등의 거래당사자 간(임대인 임차인 간) 계약이행여부는 중개수수료의 지급에 영향을 미치지 않습니다. 이렇게 생각하면 편합니다.

'계약체결이 완료되었다면' 중개보수를 지급해야 한다.
'계약체결이 완료되지 않았다면' 중개보수를 지급해주지 않아도 된다.

또한 임대차계약 체결은 이루어졌으나 개업공인중개사의 고의 또는 과실로 계약이 해제(무효·취소)[*]가 된 경우에는 중개수수료를 지급하지 않아도 됩니다. 물론 개업공인중개사의 고의 또는 과실 여부와 상관없이, 거래당사자(임대인, 임차인) 간의 의사에 따라 계약이 해제되는 경우에는 중개보수를 지급해주어야 합니다.[4]

주택 임대차 중개보수는 '거래금액'의 0.8% 이내에서 각 시도의 조례로 그 요율과 한도액 등을 정하고 있습니다.[5] 여기서 거래금액이란 전세계약은 전세금(보증금)을, 월세 계약은 보증금+(월세×100)을 말합니다. 단, 보증금+(월세×100)의 금액이 5천만 원 미만인 경우에는 보증금+(월세×70)이 거래금액이 됩니다.[6] 개업공인중개사는 '중개보수의 요율 및 한도액 표'를 중개사무소 안의 보기 쉬운 곳에 게시해야 할 의무가 있습니다.[7]

한국공인중개사협회 홈페이지(http://www.kar.or.kr)에 접속하면 각 시도별 중개보수요율을 확인할 수 있습니다. 이 책에서는 서울시를 예로 들어 살펴보도록 하겠습니다. 서울시의 주택 임대차 중개보수요율은 다음의 표1과 같습니다.[8] 주택의 면적이 2분의 1 이상인 건축물도 주택에 포함됩니다.[9]

정보
수집·
임장
활동

권리
분석·
계약

거
주

퇴
거

---

[*] 법률(『민법』 제548조 제1항, 제550조)에 의해 규정된 '해지'와 '해제'의 개념을 명확히 구분할 줄 알아야 합니다. 해지란 '특정 시점으로부터 장래에 대하여 계약의 효력이 상실되는 것'을 말합니다. 해약과 같은 말이라고 이해하면 좋습니다. 반면 해제란 '계약의 효력이 소급하여 상실되는 것', 즉 계약에 의해 이루어졌던 모든 행위들이 원상회복되는 것을 말합니다. 무효 또는 취소라고 여기면 크게 무리가 없습니다.

표1. 서울특별시 주택 임대차 중개보수요율표

종목	거래금액	상한요율	한도액	중개보수요율 결정	거래금액 산정
주택	5,000만 원 미만	0.5%	20만 원	* 중개보수는 거래금액 X 상한요율 이내에서 결정 (단, 이때 계산된 금액은 한도액을 초과할 수 없음).	* 전세 : 전세금 * 월세 : 보증금 +(월세X100). 단, 이때 계산된 금액이 5,000만 원 미만일 경우 :보증금+(월세 X70)
	5,000만 원 이상~ 1억 원 미만	0.4%	30만 원		
	1억 원 이하 ~3억 원 미만	0.3%	없음		
	3억 원 이상~6억 원 미만	0.4%	없음		
	6억 원 이상	1000분의 ( ) 이내		* 상한요율 0.8% 이내에서 개업공인중개사가 정한 좌측의 상한요율 이내에서 중개의뢰인과 개업공인중개사가 서로 협의하여 결정함	

표2. 오피스텔 임대차 중개보수요율표

종목	적용대상	상한요율	보수요율 결정 및 거래금액 산정
오피스텔	* 다음 각 목의 요건을 모두 갖춘 경우에 해당함 가. 전용면적이 85m² 이하일 것 나. 상하수도 시설이 갖추어진 전용입식 부엌, 전용수세식 화장실 및 목욕시설(전용수세식 화장실에 목욕시설을 갖춘 경우를 포함)을 갖출 것	0.4%	주택과 같음

여기에 예외가 있습니다. ① 전용면적(2세대 이상이 공동으로 사용하는 복도, 계단, 현관 등의 '공용면적'을 제외한 가 세대가 전용적으로 쓸 수 있는 거실, 방, 주방 등의 면적합계)이 $85m^2$($1m^2$=0.3024평, 1평=$3.305785m^2$) 이하이고 ② 상하수도 시설이 갖추어진 전용입식 부엌, 전용수세식 화장실 및 목욕시설(전용수세식 화장실에 목욕시설을 갖춘 경우를 포함)을 갖춘 오피스텔의 경우에는 표2의 요율을 적용받습니다.[10] 이제 중개보수를 계산해봅시다. 보증금 500만 원에 월세 40만 원짜리 원룸입니다. 먼저 거래금액을 구합니다.

보증금 500만 원+(월세 40만 원 X 100)=4,500만 원

거래금액이 5천만 원 미만이지요? 그럼 다시 월세에 70을 곱하는 식으로 거래금액을 구합니다.

보증금 500만 원+(월세 40만 원 X 70)=거래금액 3,300만 원

이렇게 구해진 거래금액(3,300만 원)에 해당 구간의 상한요율(0.5%) 내에서 '개업공인중개사와 협의한 요율'을 곱합니다(중개대상물이 전용면적이 $85m^2$ 이하에, 상하수도 등의 시설이 갖추어진 오피스텔이라면 상한요율 0.4% 내

에서 협의된 요율을 곱합니다.).[*]

여기서 잊지 말아야 할 것은 '보수요율은 산한요율 내에서 협의할 수 있다'는 것입니다. 만약 개업공인중개사와 협의하여 보수요율을 0.45%로 정했다면, 중개의뢰인(임대인, 임차인) 각각이 개업공인중개사에게 지불해야 하는 중개보수는 148,500원이 됩니다.

한도를 초과한 중개보수 수취는 불법

상한요율의 한도를 초과한 중개보수 수취는 불법입니다. 이를 위반한 개업공인중개사는 자격 정지, 등록 취소, 혹은 1년 이하의 징역 또는 1,000만 원 이하의 벌금에 처하게 됩니다.[11] 물론 더 지불한 중개보수가 있다면 돌려받을 수 있고[12], 만약 반환해달라는 요구가 거절되었다면 해당 법률을 언급하며(미주 참조) "행정관청에 신고를 하겠다."고 하면 됩니다. 그래도 해결이 안 되면 실제로 신고를 하면 됩니다. 한도를 초과하는 중개보수를 요구받을 때도 마찬가지입니다. 단, 부가가치세는 중개보수의 범주에 포함되지 않기 때문[13]에 '중개보수+부가가치세(중개보수의 10%)[14]'의 값이 중개보수의 한도를 초과할 수는 있습니다. 다시 말

---

[*]   네이버와 다음 등 포털 사이트에서 제공하는 '부동산 중개보수 계산기'를 이용하면 법정 중개보수의 한도를 쉽게 구할 수 있습니다.

해 부가가치세를 수령함으로써[**] 결과적으로 법정중개보수 한도를 초과한다면 이는 불법이 아닙니다.[15]

개업공인중개사는 얼마만큼의 책임을 지나?

개업공인중개사는 '중개서비스를 제공하는 데 있어서 고의 또는 과실로 거래당사자에게 재산상의 손해를 끼친 때'는 그 손해를 배상해야 할 책임이 있습니다.[16] 『공인중개사법』은 개업공인중개사의 중개서비스 제공에

[**]   현재 이것은 일반과세자인 개업공인중개사에 한해서만 '완벽한 참'입니다. 그동안 법제처는 "간이과세자인 개업공인중개사는 (일반과세자인 개업공인중개사와는 다르게) 중개보수＋부가가치세를 이유로 법정 중개보수한도를 초과한 중개보수를 청구할 수 없다."는 태도를 보여왔습니다. 그러나 제가 이 책을 집필하는 과정에서 법제처에 '그것은 모순'이라는 취지의 이견을 개진하였고 해당 주장이 받아들여져 "간이과세자에 해당하는 개업공인중개사가 법정 중개보수와는 별도로 부가가치세를 수령하여 그 둘을 합산한 금액이 법정 중개보수를 초과하더라도, 그 부가가치세를 제외한 금액이 법정 중개보수를 초과하지 않는 경우에는 『공인중개사법』에 위반되지 않는다(안건번호 : 15-0523)."는 (기존의 해석을 뒤엎는) 새로운 유권해석이 내려졌습니다.

하지만 지금 현장에서는 간이과세자인 개업공인중개사가 의뢰인에게 청구할 수 있는 부가가치세가 과연 '10%냐, 아니면 (간이과세자인 개업공인중개사가 실제로 세무서에 납부하는 만큼인) 3% 등이냐?'를 두고 혼란이 빚어지고 있습니다. 이 안건에 대해서는 한국공인중개사협회가 나서겠다고 한 상태입니다. 결과가 나오면 초록비책공방 및 제 연구소홈페이지(www.kubonki.com)를 통해 게시하도록 하겠습니다.

따른 혹시 모를 사고와 그로 인한 손해배상책임을 보장하기 위해 개업공인중개사에게 일정 금액 이상('법인인 개업공인중개사는 2억 원 이상', '비법인인 개업공인중개사는 1억 원 이상')[17]의 보증보험(또는 공제, 공탁) 가입을 강제하고 있습니다.[18] 개업공인중개사들이 가끔 "1억 원짜리 보험에 가입되어있으니 중개사고는 걱정 말라"며 자랑하곤 하는 보험이 바로 '그 보험'입니다.

그럼 개업공인중개사의 고의 또는 과실에 의한 중개사고가 발생을 하면(예컨대 개업공인중개사의 부주의로 집주인을 사칭한 사기꾼에게 사기를 당하면), '손해를 입은 거래당사자'는 일반 자동차보험처럼 수주일 내로 1억 원 한도 내에서 보험금을 지급받을 수 있느냐? 그건 아닙니다. 먼저 소송을 통해서 개업공인중개사의 손해배상책임범위(0~100%)를 확정짓고 (개업공인중개사의 손해배상책임범위가 100%로 확정되는 경우는 거의 없습니다.) 후에 그 확정판결문을 증빙서류로 보험사에 제출을 하면[19], 개업공인중개사의 손해배상책임범위 중에서 1억 원 이하의 금액을 보상받게 되는 것입니다. 즉 손해액 전액(보증금의 100%)을 보상받을 수 있는 것이 아니며, 보험금을 지급받기 위해선 (번거로운) 손해배상청구소송를 거쳐야 합니다. 요지는 이렇습니다.

"

개업공인중개사가 자랑하는 손해배상책임보증보험을 믿지는 말자!

집을 보러 다닐 때
챙겨야 할 것들

집을 보러 다니는 활동, 이름하여 임장활동에 관한 설명입니다. 기존 임차인이 아직 거주하고 있는 집일 경우 일조, 수압, 배수 여부를 비롯하여 방충망, 싱크대, 변기, 욕조 등의 파손 여부를 꼼꼼하게 살피는 것이 그리 녹록한 일은 아닙니다. 하여 집을 보러 가서 꼭 살펴야 할 것들이 나열된 체크리스트를 만들어보는 것이 좋습니다. 체크리스트에 기반하여 집을 살피면 짧은 시간 내에 주요 요소들을 빠뜨리지 않고 살필 수 있을 뿐만 아니라, 매물로 나온 각 집들의 장단점을 비교하기에도 편리합니다.

집을 보러 다닐 때에는 줄자와 펜, 카메라 등을 챙겨가는 것이 좋습니다. 체크리스트를 통해 마음에 드는 집을 고른 후 다시 한 번 방문하여 싱크대, 가스레인지, 후드, 방문, 창문, 양변기, 수도꼭지, 보일러 등 기존 부품들의 고장여부를 꼼꼼하게 체크하는 것도 바람직합니다.

전월세 집 보러 다닐 때 체크리스트

구분 :			
내용	**Yes**	**No**	**기타**
1. 대중교통은 편리한가?	☐	☐	
2. 주차장은 있는가?	☐	☐	
3. 너무 외지거나 인적이 드물지는 않는가?	☐	☐	
4. (저층의 경우) 방범창은 있는가?	☐	☐	
5. 집 주변에 꺼림직한 시설(고물상, 공장 등)은 없는가?	☐	☐	
6. 집 주변에 할인마트 등의 쇼핑시설은 있는가?	☐	☐	
7. 집 주변에 공원이나 놀이터 등은 있는가?	☐	☐	
8. 집에서 학교, 어린이집, 학원 등은 가까운가?	☐	☐	
9. 집에서 병원은 가까운가?	☐	☐	
10. 햇빛은 잘 드는가?	☐	☐	
11. 통풍은 잘 되는가?	☐	☐	
12. 물이 샌 흔적은 없는가?	☐	☐	
13. 천장 · 벽 · 장판 아래에 곰팡이가 핀 곳은 없는가?	☐	☐	
14. 방충망은 있는가? (파손여부 확인)	☐	☐	
15. 고장난 전기시설(콘센트, 전등 등)은 없는가?	☐	☐	
16. 싱크대, 후드, 수납장 등 파손된 주방시설은 없는가?	☐	☐	
17. 욕실의 변기나 샤워기, 거울 등 파손된 시설은 없는가?	☐	☐	
18. 싱크대 및 화장실 수도는 잘 나오는가?	☐	☐	
19. 싱크대 및 화장실 배수에 문제는 없는가?	☐	☐	
20. 냉장고를 놓을 곳은 있는가?	☐	☐	
21. 세탁기를 놓을 곳은 있는가?	☐	☐	
22. 빨래를 건조할 수 있는 공간은 있는가?	☐	☐	
23. 전기와 수도계량기는 별도로 사용하는가?	☐	☐	
24. 집을 내놓았을 때 잘 나갈 수 있겠는가?	☐	☐	
25.	☐	☐	
26.	☐	☐	
27.	☐	☐	
28.	☐	☐	
29.	☐	☐	
30.	☐	☐	
31.			
32.			

무엇이든 물어보세요

Q 임대인 할머니 혼자 살고 계시는 집의 방 한 칸이 보증금 500만 원, 월세 20만 원에 나왔습니다. 값도 싸고 학교 근처라 세 들어 살까 하는데, 이런 식으로 방 한 칸만 빌려 써도 『주택임대차보호법』의 적용을 받을 수 있나요?

A 『주택임대차보호법』 제2조에 "이 법은 주거용 건물의 전부 또는 일부의 임대차에 관하여 적용한다."라고 쓰여 있는 바, 적용 가능합니다.[20]

Q 월세와 전세에는 서로 다른 법률이 적용되는 건가요? 그리고 월세와 전세는 알겠는데, 사글세와 반전세는 대체 뭔가요?

A 임대인이 임차인에게 주택을 사용·수익할 수 있게 하고, 상대방이 그 대가로 차임을 지급할 것을 약정하는 계약을 일컬어서 임대차라고 합니다.[21] 사글세, 월세, 전세, 반전세는 그런 임대차의 유형을 일컫는 용어입니다. 그러나 각 용어들은 편의상 사람들 사이에서 그리 불리고 있을 뿐, 법률로 정해진 것은 아닙니다. 때문에 각 개념이 명확하지 않고 사글세, 월세, 전세, 반전세 말고도 임의로 불리는 용어들이 굉장히 많습니다. 이 용어들을 대충 정리하자면 다음과 같습니다.

매달 차임을 지급하는 임대차를 일컬어서 사글세나 월세라고 합니다. 보증금은 낼 수도 있고, 안 낼 수도 있습니다. 보증금을 내지 않는 월세는 무보증부 월세라고 합니다. 무보증부 월세이면서 임대차 기간 내의 모든 차임을 선지급하는 것은 무보증부 선월세입니다. 그리고 큰 규모의 보증금을 지급하는 대신에 월세를 내지 않는 임대차를 전세라고 합니다. 전세 규모의 보증금을 내고 월세를 내는 것을 반전세나 보증부 월세라고 합니다. 이 밖에도 사람에 따라 임의로 부르는 용어들이 많습니다.

어렵게 생각할 건 없습니다. 왜냐하면 이것들의 법률로 정해진 용어는 결국 '임대차'가 유일하기 때문입니다. 따라서 사글세, 월세, 전세, 반전세 등은 모두 같은 법률의 적용을 받습니다. 우선적으로는 『주택임대차보호법』을 적용받고, 해당 법률에 관련 규정이 없는 경우에는 『민법』을 적용받습니다.

Q 경기도에 있는 아파트를 서울시에 주소를 둔 부동산중개사무소를 통해서 계약할 예정입니다. 중개보수는 경기도와 서울시 중 어느 곳을 기준으로 지급하게 되나요?

A 중개대상물의 소재지와 중개사무소의 소재지가 다른 경우에는 중개사무소의 소재지를 관할하는 시·도의 조례에서 정한 기준에 따라 중개보수를 치릅니다.[22] 따라서 이 경우에는 서울시를 기준으로 한 중개보수를 치르게 됩니다.

CHAPTER. 02
#권리관계분석
#임대차계약

SECTION. 04

보증금을 지키려면
권리분석을 하라

많은 집주인(임대인)이 집을 담보로 하여 은행 등에서 빚을 얻어씁니다. 집을 임차해 사는 동안 집주인이 (은행 등에) 빚 상환만 잘해준다면야 이와 관련한 어떠한 문제도 생기지 않을 것입니다. 그러나 어떤 이유에서든 빚 상환이 여의치 않아 집이 경매로 넘어가게 되면, 임차인은 졸지에 전 재산이나 다름없는 보증금을 떼일 위기에 처하고 맙니다.

고로 민달팽이는 임대차계약을 체결하기 전에 반드시 해당 집을 담보로 한 빚이 얼마가 되는가를 면밀히 따져보아야만 합니다. 이런 작업(임차하고자 하는 집에 빚이 얼마가 설정되어있는가를 따져보는 작업)을 일컬어서 **권리분석**이라고 합니다.

등기사항전부증명서(등기부등본)

집을 담보로 한 빚의 내역과 규모는 등기사항전부증명서(등기부등본)라는 서류를 떼어보면 쉽게 확인할 수 있습니다. 등기사항전부증명서란 토지, 건물 등 부동산의 면적, 주소 등과 같은 표시와 소유권, 전세권, 저당권 등과 같은 권리관계의 득실·변경 등에 관한 사항이 적힌 서류입니다. 쉽게 이해하려면, 집이 언제 어디에 지어지고, 어떤 모습인지, 주인은 지금까지 누구누구가 거쳐 갔고, 빚은 얼마가 되는지를 상세하게 알려주는 서류, 즉 '집의 이력서'라고 생각하면 됩니다.[*]

흔히 다가구주택 또는 일반주택이라고 불리는 단독주택의 등기사항전부증명서에는 건물등기사항전부증명서와 토지등기사항전부증명서가 있고, 빌라, 아파트, 다세대, 연립주택이라고 불리는 공동주택의 등기사항전부증명서에는 건물등기사항전부증명서와 토지등기사항전부증명서가 통합된 개념인 집합건물등기사항전부증명서가 있습니다(단독주택 = 건물·토지 등기사항전부증명서, 공동주택 = 집합건물등기사항전부증명서). 대법원 인터넷등기소(http://www.iros.go.kr)에 접속을 하면 누구든지 수수료(열람 700원, 발급 1,000원)를 내고 등기사항전부증명서를 발급받을 수 있습니다.

---

*   흔히 '등기부'와 '등기사항전부증명서(등기부등본)'라는 용어를 혼용해서 쓰는데, 이는 잘못입니다. 부동산의 표시와 권리관계의 득실변경에 관한 사항을 적는 '공적 장부'를 일컬어서 '등기부'라고 하고, 바로 이 등기부에 적힌 사항을 증명하는 서류를 가리켜서 '등기사항전부증명서'라고 합니다. 등기부를 원본으로, 등기사항전부증명서를 '원본대조필한 사본'쯤으로 여기시면 크게 무리가 없습니다.

등기사항전부증명서(말소사항 포함) - 건물

고유번호 1234-5678-901234

[건물] 서울특별시 구로구 구로 ○○동 123-45

【표제부】 (건물의 표시)

표시번호	접수	소재지번 및 건물번호	건물내역	등기원인 및 기타사항
1	2007년 4월 4일	서울특별시 구로구 ○○동 123-45	철근콘크리트조 평슬래브지붕 2층 1층 51.68m² 2층 51.68m² 3층 29.45m²	
2		서울특별시 구로구 ○○동 123-45 [도로명주소] 서울특별시 구로구 ○○동로 12	철근콘크리트조 평슬래브 지붕 2층 1층 51.68m² 2층 51.68m² 3층 29.45m²	도로명주소 2012년 10월 12일 등기

【갑구】 (소유권에 관한 사항)

순위번호	등기목적	접수	등기원인	권리자 및 기타사항
1	소유권보존	2007년 4월 4일 제30645호		소유자 홍길동 123456-******* 서울특별시 성동구 ○○동 123
2	소유권이전	2010년 8월 5일 제35215호	2010년 8월 3일 매매	소유자 황진이 123456-******* 서울특별시 서초구 ○○동 12 매매목록 제2010-123호

1/2

SECTION.04 보증금을 지키려면 권리분석을 하라 **61**

[건물] 서울특별시 구로구 구로 ○○동 123-45

【을구】   (소유권 이외의 권리에 관한 사항)

순위번호	등기목적	접수	등기원인	권리자 및 기타사항
1	근저당권설정	2011년 7월 18일 제64275호	2011년 7월 15일 설정계약	채권최고액 금 120,000,000원 채무자 황진이 서울특별시 서초구 ○○동 12 근저당권자 주식회사신한은행 115104-0000966 서울특별시 중구 세종대로9길 20 (구로남금융센터) 공동담보 토지 서울특별시 구로구 ○○동 123-45
2	근저당권설정	2013년 11월 20일 제9823호	2013년 11월 19일 설정계약	채권최고액 금 70,000,000원 채무자 황진이 서울특별시 서초구 ○○동 12 근저당권자 주식회사 우리은행 110111-0023393 서울특별시 중구 회현동1가 203 (구로본동지점) 공동담보 토지 서울특별시 구로구 ○○동 123-45

【매매목록】

목록번호: 2010-123
거래가액: 금 590,000,000원

일련번호	부동산의 표시	순위번호	예비란	
			등기원인	경정원인
1	[토지] 서울특별시 구로구 ○○동 123-45		2010년 8월 3일 매매	
2	[건물] 서울특별시 구로구 ○○동 123-45		2010년 8월 3일 매매	

등기사항전부증명서는 크게 나눠 제목, 표제부, 갑구, 을구의 순서로 되어있습니다.

제목은 해당 등기사항전부증명서가 단독주택 토지에 관한 것인지, 건물에 관한 것인지, 또는 공동주택에 관한 것인지를 나타냅니다. 표제부에는 집의 주소, 면적, 층수 등 집에 대한 기본적인 정보가 실려있습니다. 갑구에는 집의 소유주가 지금까지 어떻게 변동되었는지 등이 열거되어있고, 을구에는 소유권 이외의 권리, 즉 빚이 얼마나 설정되어있는지 등이 나타나 있습니다. 차례대로 각각의 내용과 분석방법을 살펴보도록 하겠습니다.

제목

먼저 제목입니다. 제목은 등기사항전부증명서 첫 장 맨 위에 굵고 큰 글씨로 쓰여 있습니다.

> 등기사항전부증명서(말소사항 포함) - 건물

오른쪽에 쓰인 건물이라는 글자에 주목하세요. 제목 끝에 건물이라 쓰여 있다는 것은 단독주택, 그중 건물의 등기사항전부증명서라는 뜻입니다. 만약 단독주택 중 토지의 것을 나타내는 등기사항전부증명서라면, 제목 끝에 토지라고 쓰여있을 것입니다. 아파트 등의 공동주택은 집합건물이라고 쓰여있습니다.

표제부

다음은 표제부를 살펴봅니다. 표제부는 등기사항전부증명서 첫 장의 제목 바로 밑에 있는 표입니다. 집의 기본정보를 알려줍니다. 아래의 표와 같습니다(이하 설명하는 등기사항전부증명서상의 동그라미 숫자는 임의로 삽입한 것입니다.).

【표 제 부】 (건물의 표시)				
표시번호	① 접수	② 소재지번 및 건물번호	③ 건물내역	④ 등기원인 및 기타사항
~~1~~	~~2007년 4월 4일~~	~~서울특별시 구로구 ○○동 123-45~~	~~철근콘크리트조 평슬래브 지붕 2층~~ ~~1층 51.68m²~~ ~~2층 51.68m²~~ ~~3층 29.45m²~~	
2		서울특별시 구로구 ○○동 123-45 [도로명주소] 서울특별시 구로구 ○○동로 12	철근콘크리트조 평슬래브 지붕 2층 1층 51.68m² 2층 51.68m² 3층 29.45m²	도로명 주소 2012년 10월 12일 등기

① 접수란을 보면 이 집이 언제 지어졌는지를 알 수 있습니다. 2007년 4월 4일에 지어졌네요. ② 소재지번 및 건물번호란을 보면 집의 정확한 주소를 확인할 수 있습니다. ③ 건물내역란을 보면 집의 층수와 각 층의 면적을 알 수 있습니다. ④ 등기원인 및 기타사항란은 ①②③란에 포함되지 않는 다른 여러 사항들이 명기되는 공간입니다. 표시번호2의 ④ 등기원인 및 기타사항을 보니 2012년 10월 12일에 ('표시번호1'란의 기존 지번주소를 '빨간색 취소선'으로 지우고) 도로명 주소로 새로 등기했다고 나와 있네요. 표제부, 갑구, 을구 모두 말소되거나 변경된 내용에는 빨간색 취소선이 그어집니다. (본 건물이 차지하고 있는 토지의 등기사항전부증명서는 따

로 살펴보지 않도록 하겠습니다.)

이밖에 아파트 등(공동주택)의 집합건물등기사항전부증명서에는 '1동의 건물의 표시'에 대한 표제부와 '전유부분의 건물의 표시'에 대한 표제부가 나타나 있습니다. 예컨대 집합건물등기사항전부증명서가 나타내고자 하는 곳이 '고래아파트 112동 1603호'라면, 112동 전체에 대한 (각층의 전체 면적 등) 표제부(1동의 건물의 표시)가 먼저 등장을 하고, 뒤를 이어 바로 1603호에 대한(해당 세대의 면적 등) 표제부(전유부분의 건물의 표시)가 나타납니다.

갑구

이제 갑구를 살펴보겠습니다. 갑구는 표제부 다음에 위치하는 표입니다. 소유권에 관한 사항을 알려줍니다. 생김새는 아래와 같습니다.

【갑구】 (소유권에 관한 사항)				
순위번호	등기목적	접수	① 등기원인	② 권리자 및 기타사항
1	소유권보존	2007년 4월 4일 제30645호		소유자 홍길동 123456-******* 서울특별시 성동구 ○○동 123
2	소유권이전	2010년 8월 5일 제35215호	2010년 8월 3일 매매	소유자 황진이 123456-******* 서울특별시 서초구 ○○동 12 매매목록 제2010-123호

순위번호1란 ② 권리자 및 기타사항을 보면, 집의 첫 소유주가 '서울특별시 성동구 ○○동 123번지를 주소로 하는 홍길동' 씨라는 사실을 알 수가 있습니다. 그리고 이어 순위번호2란 ① 등기원인과 ② 권리자 및 기타사항을 살펴보면, 홍길동 씨가 (서울특별시 서초구 ○○동 12번지를 주소로 하

는) 황진이 씨에게 2010년 8월 3일에 집을 팔았다는 것(매매)을 확인할 수가 있습니다. 즉 이 집의 현 소유주는 황진이 씨입니다.

황진이 씨 주소지 밑에 쓰인 '매매목록 제2010-123호'는 두 개 이상의 부동산(이 경우엔 건물과 토지)이 동시에 거래가 이루어졌다는 걸 의미합니다. 이런 경우(두 개 이상의 부동산이 동시에 거래된 경우) 을구 밑에 '매매목록'이라는 표가 생겨 따라 붙는데, 이를 확인하면 해당 부동산들이 총 얼마의 가격에 팔렸는지 실제거래가격(거래가액)을 확인해볼 수 있습니다(단, 2006년 1월 1일 이후의 거래가격에 대해서만 확인할 수 있습니다.). 아파트 등의 공동주택은 집합건물등기사항전부증명서 하나로만 토지와 건물을 나타내기 때문에, 거래가액이 갑구 ② 권리자 및 기타사항란에 바로 표시되는 것이 보통입니다.

매매목록

매매목록을 살펴보도록 하겠습니다. 아래의 이미지와 같습니다.

【매매목록】				
목록번호	2010-123			
③거래가액	금 590,000,000원			
일련번호	부동산의 표시	순위번호	예비란	
			등기원인	경정원인
1	[토지] 서울특별시 구로구 ○○동 123-45		2010년 8월 3일 매매	
2	[건물] 서울특별시 구로구 ○○동 123-45		2010년 8월 3일 매매	

③ 거래가액을 살펴보니 (2010년 8월 3일에) 황진이 씨가 홍길동 씨로부터 5억 9,000만 원에 집(토지+건물)을 산 것이 확인되네요. 지금까지 일반적으로 접하게 되는 갑구의 내용이었습니다.

을구

이제 을구를 살필 차례입니다. 을구는 갑구 뒤에 위치하는 표입니다. '빚에 대한 사항'은 바로 이 을구에 적혀있습니다. 형식은 갑구와 같습니다.

【을구】 (소유권 이외의 권리에 관한 사항)				
순위번호	① 등기목적	② 접수	등기원인	③ 권리자 및 기타사항
1	근저당권설정	2011년 7월 18일 제64275호	2011년 7월 15일 설정계약	채권최고액 금 120,000,000원 채무자 황진이 　　서울특별시 서초구 ○○동 12 근저당권자 주식회사신한은행 115104-0000966 　　서울특별시 중구 세종대로9길 20 　　(구로남금융센터) 공동담보 토지 서울특별시 구로구 ○○동 123-45
2	근저당권설정	2013년 11월 20일 제9823호	2013년 11월 19일 설정계약	채권최고액 금 70,000,000원 채무자 황진이 　　서울특별시 서초구 ○○동 12 근저당권자 주식회사 우리은행 110111-0023393 　　서울특별시 중구 회현동1가 203 　　(구로본동지점) 공동담보 토지 서울특별시 구로구 ○○동 123-45

먼저 순위번호1란을 살펴보겠습니다. 2011년 7월 18일 자로 채권최고액 1억 2,000만 원의 근저당권이 설정되어있습니다. 근저당권자(채권자)는 신한은행, 채무자는 황진이 씨로 되어있네요. 건물에 더해 토지도 함

께 담보가 잡혀있습니다(공동담보 토지 서울특별시 구로구 ○○동 123-45).

근저당권이란 채권을 일정한 한도액(채권최고액)까지 담보하기 위한 일종의 저당권입니다. 일반저당권은 채권액이 처음부터 특정되어있는 반면, 근저당권은 채권최고액만 있고 그 금액이 특정되어있지 않다는 것이 특징입니다(통상 채권최고액은 연체이자 등의 확보를 위해 처음 대출된 금액 대비 20~30% 정도 높게 설정됩니다.) 한도 내에서 쉽게 빌려 쓰고 갚는 '마이너스 통장'을 떠올리면 편합니다.

요컨대 을구를 통해서는 근저당권의 실제 채권금액(실제로 빌려 쓴 돈)을 확인할 수가 없습니다. 물론 근저당권자인 은행 등을 통해서 실제의 채권금액을 확인하는 방법이 있기는 합니다만, 집주인이 언제든지 채권최고액 내에서 돈을 빌려 쓸 수가 있기 때문에, 권리분석을 할 때에는 채권최고액을 실제의 채권액으로 취급해야 합니다.

가끔은 집주인이 "(당신에게) 전세금을 받으면 빚을 갚겠다."또는 "을구에 적혀있는 건 1억 2,000만 원이지만 실제로는 5,000만 원이다." 라면서 '채권최고액의 비대함' 때문에 계약을 망설이는 민달팽이를 안심시키는 경우가 있습니다. 만약 그런 상황에 놓이게 되면 집주인은 얼마든지 채권최고액 내에서 돈을 빌려 쓸 수 있다는 사실을 상기하여 감액등기(채권최고액을 줄이는 등기) 또는 말소등기(근저당권 자체를 없애는 등기)를 요구해야 합니다.

예컨대 "전세금으로 빚을 갚겠다."는 집주인과는 잔금 날에 함께 은행 등에 방문하여 빚을 상환하는 모습을 지켜보아야 하고(영수증을 받아

보관하면 더 좋습니다.), 후에 바로 말소등기 또는 감액등기가 이루어졌는지까지를 확인해두어야 합니다. 해당 사항을 계약서 특약란에 뚜렷이 명기하는 것 또한 잊지 말아야 합니다(계약서 작성 시 주의사항은 뒤에서 자세히 다루도록 하겠습니다.).

이제 순위번호2란을 살펴보겠습니다. '순위번호1'란과 마찬가지로 근저당권이 설정되어있습니다. 2013년 11월 20일 자이고, 채권최고액은 7,000만 원, 근저당권자(채권자)는 우리은행, 채무자는 황진이 씨입니다. 역시 건물과 토지에 공동으로 담보가 설정되어있습니다.

때로는 건물과 토지에 서로 다른 근저당권이 설정되어있는 경우도 있습니다. 하여 단독주택의 권리사항을 분석할 때에는 반드시 건물과 토지의 등기사항전부증명서를 함께 살펴보아야 합니다.

SECTION. 05

무조건 피해야 할
'가'로 시작하는 4가지

가끔 등기사항전부증명서에서 다음과 같은 글이 적힌 갑구를 만나기도 합니다.

가압류, 압류, 가처분, 가등기

만약 갑구에서 이 네 개의 단어 중 어느 하나라도 발견한다면, '이 집은 절대로 계약을 해선 안 되는구나'라고 생각을 하고 아예 관심대상에서 지워버리길 바랍니다. 왜 그래야 하는지 각각의 개념을 들여다보겠습니다.

가압류

    가압류란 채무자가 자기 재산을 마음대로 처분하지 못하게끔 하는 법적·강제적 조치를 말합니다. 가령 황진이 씨가 지인인 임꺽정 씨에게 돈 1억 원을 빌렸는데, 갖은 이유를 들어 상환 날짜를 차일피일 미룬다면 임꺽정 씨로서는 정말 속이 터질 노릇일 겁니다. (금액이 금액이다 보니) 이런 생각이 들지도 모릅니다.

'나만 돈을 꿔준 게 아닐 텐데,
  혹시 가진 재산 전부를 처분해서 해외로 내빼면 어쩌지?'

    걱정이 여기까지 닿았을 때, 임꺽정 씨가 활용해봄직한 방법이 바로 가압류입니다. 관할 법원에 황진이 씨와의 채권채무관계를 소명한 후 "채권을 원활히 회수할 수 있도록 황진이 씨가 소유한 '서울특별시 구로구 ○○동 123-45번지의 주택'을 처분하지 못하게끔 해달라."는 내용의 가압류 명령을 구하면, 법원이 이를 심리해 가부를 결정짓습니다.

    즉 어느 집 등기사항전부증명서 갑구란에, 가압류 표시가 등재되어있다는 것은 소유주의 현금흐름(또는 신용도) 상태가 엉망이라는 뜻과 다르지 않습니다. 이런 집에 세를 들어 살면 열에 아홉은 돈에 얽힌 불미스러운 문제, 예를 들어 집이 경매에 넘어가거나 보증금을 돌려받는 과정에서 다툼이 생기거나 하는 등을 겪게 됩니다. 피하는 것이 상책입니다.

압류

압류란 '행정기관이 채권자인 가압류'라고 생각하면 됩니다. 세금이 체납될 경우 구청, 세무서 등의 행정기관이 법원의 명령 없이 바로 체납자의 부동산 등에 압류를 걸어 처분을 금지합니다. 세금을 체납할 정도로 곤궁한(또는 불량한) 집주인에게 보증금을 맡길 순 없겠지요.

가처분

가처분 역시도 가압류와 비슷한 개념입니다. 다만, 가압류가 금전 채권, 즉 빚(받아야 할 돈)을 원활히 회수하기 위해(채무자의 재산가치를 보전하기 위해) 사용되는 것이라면, 가처분은 그 외 특정 청구권의 집행을 보전하기 위해 활용된다는 점에서 가압류와 구분됩니다.

예를 바꿔 이번엔 '황진이 씨가 임꺽정 씨에게 집을 팔았다'고 해보겠습니다. 계약금, 중도금, 잔금까지 모두 치렀건만, 황진이 씨가 "그 사이에 집값이 올랐으니 돈을 더 내라."며 등기권리증(소위 집문서)을 임꺽정 씨에게 넘기지 않고 있습니다. 이런 경우 임꺽정 씨로서는 소유권이전청구소송을 통해서 소유권을 이전 받으면 그만입니다. 해당 뜻(소송에 임하겠다는 뜻)을 전하자 황진이 씨가 "그럼 그 사이(재판이 끝나기 전)에 집을 다른 사람에게 (이중으로) 팔 테니 알아서 하라!"고 으름장을 놓습니다.

만약 황진이 씨가 정말로 등기이전의 공백을 틈타 자신의 말을 행동에 옮기면, 임꺽정 씨는 상당한 곤란에 빠지게 될 겁니다. 가처분은 바로 이런 류의 '곤란을 막기 위해' 만들어진 제도입니다. 가압류와 마찬가지로 관할 법원에 문제를 소명한 후 "황진이 씨가 집을 처분하지 못하게 해달라."는 내용의 가처분 명령을 구하면, 법원이 이를 심리해 그 여부를 결정짓습니다. 요컨대 갑구에서 가처분이 확인되는 집은 무언가 문제가 있어도 한참 있는 집입니다.

가등기

마지막으로 가등기입니다. 가등기란 소유권이전등기에 앞서서 임시로 등기를 해두는, 일종의 '예비등기'를 말합니다. 가등기에는 순위보전을 위한 가등기와 담보가등기가 있습니다.

소유권이전등기에 앞서서 임시로 등기를 해두는 것이 **순위보전을 위한 가등기**입니다. 가등기 당시의 준비되지 않은 법적 절차가 완료되면, 가(假)등기에 기한 본(本)등기가 이루어져(가등기→본등기) '가등기 순위에 기초하여' 가등기권자에게로 소유권이 이전됩니다. 일반적으로 계약금을 지불하고 잔금 등을 치르는 사이에 다른 권리들이 끼어드는 것을 막기 위해 쓰입니다.

정보
수집
· 임장
활동

권리
분석
· 계약

거
주

퇴
거

이로 인해 빚어지는 임차인의 문제는 다음과 같습니다. 임차인이 가등기(가등기권자 : 임격정)가 설정된 집의 소유주인 황진이 씨와 임대차계약을 체결한 후, 집을 임차해 사는 동안에 본등기가 이루어져(가등기→본등기) 집주인이 (가등기권자인) 임격정 씨로 바뀌면, 임차인은 자신의 임대차계약 내용을 현 소유주인 임격정 씨에게 주장할 수가 없습니다. 다시 말해 임격정 씨가 "당장에 집을 비워달라"고 하면 꼼짝없이 그래야 할 뿐만 아니라 (임격정 씨와는 상관없는) 보증금은 가등기 시점의 소유주인 황진이 씨에게 받아야 하는 것입니다.

담보가등기란 채권자가 채무자의 채무불이행사태(빚을 갚지 않았을 경우)를 대비해 부동산을 가등기의 형태로 담보 설정해둔 것을 지칭하는 용어입니다. 채무자가 채무를 변제하지 못할 경우, 가등기를 본등기로 전환하고 부동산가액에서 채권금액을 뺀 나머지 금액(청산금)을 채무자에게 지급해줍니다. 등기사항전부증명서를 보았을 땐 소유권이전만을 목적으로 한 가등기 같지만('순위보전을 위한 가등기'와 '담보가등기'는 등기사항전부증명서로는 구분할 수가 없습니다.), 실상은 채무자의 빚 상환을 보증하기 위한 담보설정의 한 방법이기 때문에 변칙담보라고도 불립니다. 만약 해당 부동산이 경매에 붙여지게 되면, 가등기권자는 가등기된 순위에 기준해 배당금을 지급받습니다. 어쨌든 갑구에 가등기가 표기된 집역시 '이 집은 절대로 계약을 해선 안 되는구나'라고 생각을 한 후에 관심을 끄면 됩니다.

설명이 길었습니다. 제가 이렇게까지 가압류와 압류, 가처분과 가등기를 설명하는 데 공을 들이는 이유는 다음의 두 가지 염려 때문입니다.

하나 큰 금액의 보증금임에도 직거래에 임하는 독자가 분명 있을 것이기 때문입니다.

둘 독자 중에 누군가는 아마도 내일 즈음해서 '권리분석법'을 운운해가며("가압류의 채권금액이 얼마 되지 않기 때문에 안전하다."는 등) 무리한 중개영업을 펼치는 '엉터리 개업공인중개사'를 만나게 될 수도 있기 때문입니다.

확정일자를 받아두면
안전할까?

지금까지 등기사항전부증명서를 모두 살펴보았습니다. 전용면적 내에 한 세대만 생활하는 공동주택의 경우 여기까지만 살피면 "권리분석이 끝났다."고 할 수 있습니다.

그러나 지금 우리는 하나의 등기사항전부증명서로 표시되는 건물 아래, 최대 3가구 이상이 거주할 수 있는(예 : 1층 집주인, 2층 세입자A, 3층 세입자B) 형태의 집, 즉 3층짜리 '단독주택'을 살펴보고 있습니다. 집이 경매에 넘어가게 되면 은행 등의 근저당권자뿐만이 아니라 '일정한 조건을 갖춘' 임차인도 경락대금(경매로 집을 취득한 사람이 법원에 내는 돈) 내에서 집주인에게 맡긴 전월세 보증금(집주인으로서는 보증금도 빚입니다.)을 찾아갈 수 있습니다. 따라서 임차인 여럿이 거주할 수 있게끔 설계되어있는 단독주택의 권리사항을 분석 중인 현재의 우리는 등기사항전부증명서를 분석하는 것 외에도 먼저 임대차계약을 체결하여 거주 중인 다른 임차인은 없는지, 있다면 보증금은 얼마인지를 확인해보아야 합니다.

분석의 대상인 '구로구 ○○동 123-45번지의 집'이 1, 2, 3층에 각각 한 가구씩, 총 3가구가 살림을 꾸릴 수 있는 형태라고 가정해보겠습니다. 현재 모든 층에 세가 놓인 상황입니다. 그중 곧 2층의 전세계약이 만료되어 그 2층을 얻고자 합니다. 다시 말해 우리는 1층과 3층 세입자가 과연 얼마의 보증금으로 임대차계약을 체결했는지가 궁금합니다.

　이 궁금증을 풀기 위해선 앞선 임차인들의 확정일자 부여현황을 확인해보아야 합니다. 확정일자란 '증서가 작성된 날짜에 주택임대차계약서가 존재하고 있음을 증명하기 위해 법률상으로 인정되는 일자'를 말합니다. 임차한 집이 경매에 넘어갔을 때 경락대금 내에서 보증금을 원활히 되찾기 위해선 바로 이 확정일자라는 것이 필수로 요구됩니다.

　해당 주소지를 관할하는 읍·면사무소, 동 주민센터, 또는 법원 및 등기소, 공증인사무소에서 부여해주는데(임대차계약서 원본에 날짜가 적힌 도장을 찍어줍니다.), 90% 아니, 임차인의 거의 전부가 접근이 편리한 읍·면사무소 또는 동 주민센터를 이용하고 있습니다(확정일자 수수료 : 1건 당 600원, 임대차계약서가 4장을 초과할 경우 초과 장마다 100원).[1]

　확정일자 부여현황을 알려면 집주인의 '확정일자 확인동의서(동의서엔 집주인과 민달팽이의 인적사항 및 자필서명이 필수로 들어가야 합니다.)[2]'와 신분증 사본(민달팽이는 원본)을 지참하여 읍·면사무소 또는 동 주민센터에 방문해 담당 공무원에게 "확정일자 현황을 확인하러 왔다."고 하면 소정의 수수료를 지급한 후에(1건마다 600원, 출력물이 10장을 초과할 경우 초과 1장마다 50원)[3] A4용지에 출력된 확정일자 부여현황을 확인할 수가 있

확정일자 현황

임대차 목적물 : 서울특별시 구로구 ○○동 123-45

2016. 01. 07 현재 위 임대차 목적물에 대한 확정일자 부여 현황은 다음과 같습니다.

■ 확정일자 부여일 : 2015.05.19
 임 대 차 기 간 : 2015.05.16.부터 2017.05.16.까지
  보 증 금 : 금 2,000,000원
  차   임 : 금 250,000원

■ 확정일자 부여일 : 2014.11.12
 임 대 차 기 간 : 2014.11.07.부터 2016.11.07.까지
  보 증 금 : 금 70,000,000원
  차   임 : 없음

■ 확정일자 부여일 : 2014.02.03
 임 대 차 기 간 : 2014.01.24.부터 2016.01.24.까지
  보 증 금 : 금 70,000,000원
  차   임 : 없음

2016년 01월 07일

서울특별시 구로구 ○○동 장 (직인)

1. 이 현황은 2016년 1월 7일 이후에 부여받은 확정일자정보만을 제공합니다. 확정일자는 동 주민센터와 읍ㆍ면사무소, 시ㆍ군ㆍ구 출장소뿐만 아니라 법원 및 등기소 또는 공증인사무실에서도 부여할 수 있으므로, 다른 확정일자 부여기관에서 부여한 확정일자가 존재할 수 있음을 유의하시기 바랍니다.
2. 확정일자를 받은 임대차계약증서상 임대차 목적물 표시와 등기기록상 부동산의 표시가 다른 경우에는 계약 증서의 표시를 기준으로 정보를 제공합니다.
3. 해당 주택의 임차인이지만 확정일자를 부여받지 않은 사람은 이 현황에 나타나지 않음을 유의하시기 바랍니다.

습니다. 앞 페이지에서 예로 든 확정일자 현황을 봅시다. 이는 2016년 1월 7일을 기준으로 한 서울시 구로구 ○○동 123-45번지 주택의 확정일자 부여현황입니다. 총 세 건입니다. 임대차계약서 상의 임대차 목적물 표시와 등기사항전부증명서 상의 부동산표시가 다른 경우에는 계약서의 표시를 기준으로 확정일자 정보가 제공됩니다. 세 장 모두 임대차 목적물의 표시가 '서울특별시 구로구 ○○동 123-45'으로 되어있는 것을 보니, 계약서를 작성할 때 층수를 따로 명기하지 않았는가 봅니다.

그래도 조금만 살펴보면 2층의 것이 무엇인지를 쉽게 유추할 수 있습니다. 보아하니 보증금 200만 원에 차임(월세) 25만 원짜리인 것은, 상대적으로 면적이 작은 3층의 확정일자 현황 같습니다. 나머지는 평수가 같으니 보증금(전세금)도 같네요(표제부에 명기되어있는 각 층의 면적 : 1층 51,68m², 2층 51,68m², 3층 29,45m²).

둘의 남은 임대차 기간을 따져봅시다. 하나는 2016년 11월 7일까지이고, 다른 하나는 2016년 1월 24일까지입니다. 분석 시점이 2016년 1월이니 후자의 것(마지막 것)이 2층의 확정일자 현황일 것입니다. 이제 이상의 분석을 집주인과 기존 2층 임차인의 증언과 맞춰보면 됩니다.

권리분석 마무리

권리분석의 재료를 모두 살폈습니다. 다음은 이것들을 종합해서 계산할 차례입니다.

첫 번째 단계는 지금까지 알아낸 것들 중 '돈과 관련한 것'을 (되도록이면 시간순으로) 늘어놓습니다

하나 서울시 구로구 ○○동 123-45번지 주택은 2010년에 5억 9,000만 원으로 매매거래가 이루어졌습니다. (갑구 및 매매목록을 통해서 확인한 사항)

둘 해당 주택을 담보로 한 빚의 내역과 규모는 다음과 같습니다. (을구를 통해서 확인한 사항)

- 2011년 7월 18일에 접수된 신한은행의 1번 근저당권 '1억 2,000만 원'
- 2013년 11월 20일에 접수된 우리은행의 2번 근저당권 '7,000만 원'

셋, 해당 주택에 임차해 살고 있는 이들의 확정일자 현황 중 보증금의 내역은 아래와 같습니다. (확정일자 현황을 통해서 확인한 사항)

- 2014년 2월 3일 7,000만 원
- 2014년 11월 12일 7,000만 원
- 2015년 5월 19일 200만 원

두 번째 단계는 '집의 현 시세'와 '집에 얽힌 부채총액'을 구합니다

집의 현 시세는 갑구 및 매매목록을 통해서 확인한 5억 9,000만 원이라고 가정*하겠습니다. 소유주 입장에서는 임차인의 보증금 역시도 다시 돌려주어야 하는 '빚'이므로(보증금은 이자를 내지 않는 빚입니다.) 을구에 적힌 은행 등의 근저당권과 확정일자 현황을 통해서 확인한 각 임차인의 보증금을 모두 더합니다. 그러면 집의 현시세가 5억 9,000만 원이고, 집에 얽힌 부채의 총액이 3억 3,200만 원이라는, 두 큰 값이 구해집니다.

세 번째 단계는 부채총액에서 기존 세입자 보증금분을 뺍니다

기존 2층 세입자가 나가고 우리가 들어가야 하는 상황이니, 집에 얽힌 부채총액에서 기존 세입자의 보증금분 7,000만 원을 뺍니다. 그러면 집에 얽힌 부채총액이 3억 3,200만 원에서 2억 6,200만 원으로 줄어듭니다.

지금 구한 이 2억 6,200만 원이 바로 '임대차계약 체결 시에 우리보다 앞서게 되는 권리자들의 채권총액'입니다. 집이 경매에 넘어가면 '등기사항전부증명서에 표시되는 접수 날짜' 및 '확정일자 현황 상의 확정일자 부여일' 순으로 경락대금 내에서 배당금이 배분됩니다. 다시 말해 해당 집의 '(경매) 낙찰가격'이 '우리보다 앞선

---

*   '국토교통부실거래가 홈페이지(www.rt.molit.go.kr)'에 접속을 하면, 임대차 실거래가 외에 매매 실거래가도 확인 할 수 있습니다.

권리자들이 지닌 채권총액'보다 적을 경우 우리는 보증금의 일부 또는 전부[**]를 떼이게 됩니다. 경매 낙찰가격이 앞선 채권자들이 가진 채권총액보다 적으니 당연한 일이겠지요.

경매 낙찰가격 < 우리보다 앞선 권리자들이 지닌 채권총액

일반적으로 아파트는 시세의 70%를, 그 나머지의 주택들은 60%를 낙찰가격 또는 권리자에게 배분될 배당금의 총액으로 봅니다(경매집행비용 등이 권리자 배당에 앞서 차감되기 때문에 낙찰가격과 권리자에게 배분될 배당금의 총액에는 약간의 차이가 있습니다.).

따라서 해당 주택의 종류가 단독주택이고 시세가 5억 9,000만 원이니, 우리보다 앞서는 권리자들의 채권총액과 또 우리가 지불하게 될 보증금의 합이 시세의 60%인 3억 5,400만 원(5억 9,000만 원×60%)에 미치지 못할 때에야 비로소 "권리분석의 대상인 서울시 구로구 ○○동 123-45번지의 주택은 안전하다."고 평가를 내릴 수가

[**]   주택의 인도와 주민등록(전입신고)을 마친 때에는 『주택임대차보호법』에 의해 다른 담보물권자(집에 얽힌 채권을 가진 자)보다 앞서서 '보증금 중 일정액'을 변제받을 수 있는 '최우선변제권'이라는 특유의 권리가 생깁니다. 본문에선 아직 이에 대한 설명을 하지 않았지만 정확한 설명을 위해 이를 염두에 두어 "일부 또는 전부"라는 표현을 썼습니다. 『주택임대차보호법』에 의한 최우선변제권에 관해서는 231쪽을 참조하면 됩니다.

있는 것입니다.

그럼 이제 다음의 가정으로 권리분석을 끝내봅시다. 우리는 지금 해당 주택 2층을 보증금 8000만 원에 전세로 얻으려 합니다.

자, 우린 이 집을 계약해도 되는 걸까요? 정답은 Yes입니다.*

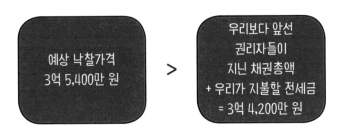

예상 낙찰가격
3억 5,400만 원

>

우리보다 앞선
권리자들이
지닌 채권총액
+ 우리가 지불할 전세금
= 3억 4,200만 원

---

*   권리분석에 관한 당부의 말씀 하나 드립니다. 중도금 및 잔금을 치르는 사이에 집을 담보로 한 추가대출이 발생할 수 있습니다. 또는 그 사이에 가등기가 설정된다거나 소유주가 덜컥 바뀔 수도 있으니 등기사항전부증명서는 반드시 '계약서를 작성할 때 한 번', '잔금을 치르며 또 한 번' 떼어봐야 합니다. 한편으로 계약서 특약사항란에 "잔금지급일까지 권리사항에 변동이 있을 시 임차인은 계약을 해제할 수 있다."는 등의 내용을 삽입하는 것도 한 방법입니다. 이점 부디 숙지하시어 안전한 거래하시길 바랍니다.

누구와 계약을
체결해야 하는가?

임대차계약을 체결하고자 하는 민달팽이는 계약에 임하는 상대방이 (임차하고자 하는 주택의) 등기사항전부증명서 갑구란에 표시된 소유주와 일치하는지, 만약 그렇지 않다면 그가 소유주의 진정한 대리인이 맞는지를 확실하게 확인한 후에 계약을 체결하여야 합니다. 이를 위한 신분증 등의 확인은 필수입니다. 지금부터 상대 계약자 유형에 따른 신원확인 방법 등에 대해 살펴보도록 하겠습니다.

소유주와 계약을 체결하는 경우

상대방이 소유주(집주인)인 경우입니다. 먼저 제시된 신분증과 등기사항전부증명서 갑구란에 쓰인 내용이 일치하는가를 살핍니다. 그 뒤 신분증의 진위여부를 파악합니다. 주민등록증은 행정차치부가 제공하는 '주민등록증 음성확인 서비스'를 통해서 쉽게 확인할 수 있습니다. 국번 없이 1382로 전화를 걸어 안내되는 ARS 멘트에 따라서 주민등록 번호와 발급일자를 입력하면 됩니다.

운전면허증은 도로교통공단 홈페이지(http://www.koroad.or.kr)에 접속하여 이름, 생년월일, 면허번호, 암호 일련번호(작은 사진 밑에 쓰인 6 자리 숫자+영문)를 입력하면 확인이 가능합니다. 그리고 (가능하다면) 이와 함께 '등기권리증(집문서)' 또는 '재산세 과세증명서(진정한 소유주라면 해당 주택에 부과된 재산세를 납부한 적이 있겠지요.)'를 확인합니다.

공동소유주 및 대리인과 계약을 체결하는 경우

상속 혹은 공동출자로 인하여 하나의 주택을 여럿이 함께 소유하게 되는 경우가 있습니다(예 : 아버지 사망→아들 셋 각각 3분의 1씩 지분 상속). 이번엔 그러한 '공동소유주택'의 임대차계약을 누구와 체결하는 것이 옳은지에 관한 설명입니다.

먼저 공동소유주들이 등기사항전부증명서에 어떻게 표시되는지를 설명해야겠네요. 만약 세 명의 공동소유주가 각각 3분의 1씩의 지분을 갖고 있는 집이라면, 등기사항전부증명서 갑구 권리자 및 기타사항란에 다음과 같은 식으로 표기가 이루어집니다.

【갑구】	(소유권에 관한 사항)			
순위번호	등기목적	접수	등기원인	권리자 및 기타사항
1	소유권이전	○○○○년 ○월 ○일 제○○○○○호	○○○○년 ○월 ○일 협의분할에 의한 상속	공유자 지분 3분의 1 　강○○ 123456-****** 　　서울특별시 강남구 ****** 지분 3분의 1 　강△△ 123456-****** 　　서울특별시 광진구 ****** 지분 3분의 1 　강□□ 123456-****** 　　서울특별시 강남구 ******

　『민법』 제265조는 "공유물의 관리에 관한 사항은 공유자의 지분의 과반수로써 결정한다."고 규정하고 있습니다.[4] 즉 예로 든 주택을 적법하게 임차하려면, 과반수의 지분을 가진 공동소유주, 다시 말해 두 명 이상의 공동소유주와 계약을 체결해야 합니다. 이때 역시 앞에서와 마찬가지로 신분증 등을 확실하게 살펴야 합니다.

　그런데 계약체결일에 지분소유자 한 사람만 참석을 하고, 그가 "내가 나머지 두 사람(또는 한 사람)을 대리하겠다."고 할 수도 있습니다. 이른바 **대리계약**입니다. 이럴 땐 어떻게 해야 할까요? 맞습니다. 그에게 대리하고자 하는 나머지 지분권자의 '위임장'과 '인감증명서'를 요구해야 합니다.

　위임장에는 부동산의 소재지와 소유자 이름, 연락처, 계약의 목적, 대리인의 이름과 주소, 주민등록번호, 계약의 모든 사항을 위임한다는 내용이 반드시 기재되어야 하며, 연월일과 함께 위임인(계약 당일 참석하지 못하는 지분권자)

의 인감이 날인되어있어야 합니다. 이것들이 제시되지 않는 이상, 그에게 진정한 대리권이 있다는 사실이 증명되지 않으므로 절대로 계약을 체결해서는 안 됩니다. 또한 지금 살펴본 대리인과의 계약에 대한 사항은 모든 대리인과의 계약에 적용됩니다.

소유주의 가족과 계약을 체결하는 경우

대리인과 계약을 체결하는 경우에는 위임장과 인감증명서가 요구된다고 앞에서 설명했습니다. 하지만 그럼에도 불구하고 많은 분들이 "그럼 가족(특히 배우자)은 어떻게 해야 하나?"는 물음을 던지십니다. 그에 대한 설명입니다.

『민법』 제827조 제1항은 "부부는 일상의 가사에 관하여 서로 대리권이 있다."[5]고 규정하고 있습니다. 이를 일컬어 흔히 '일상가사대리권'이라고 부릅니다. 임대차계약에 있어 위 물음, 즉 "그럼 가족(특히 배우자)은 어떻게 해야 하나?"는 질문은 이 '일상가사대리권'과 관련이 있습니다. 풀어 말해 위의 물음을 '배우자'로 국한하면 아래와 같은 요지가 도출됩니다.

"이미 배우자가 일상에서 가사의 많은 부분(예 : 식료품 구입, 교육비, 의료비, 양육비 등의 지출)을 위임장 없이 대리하고 있는데, 집을 임대하는 행위 역시 그 '일상가사대리'의 영역에 포함되는 것 아니냐?"

결론부터 말하자면, 집을 임대하는 행위는 일상가사대리에 포함되지 않습니다. 1993년 대법원에서 이루어진 판결의 내용이 그러합니다.[6] 그리고 아직까지도 이를 뒤집는 다른 판결이 내려진 적은 없습니다. 정리하자면 이렇습니다.

> 아무리 일상가사대리권을 가진 배우자여도,
> 집을 임대할 때는 위임장과 인감증명서를
> 제시하여 자신이 소유주의 적법한 대리권자임을
> 증명해야 한다!

그럼 다른 가족, 즉 아버지나 어머니, 또는 아들과 딸, 형과 누나 등은 어떨까요? 마찬가지입니다. 가족관계증명서 등을 통해 가족임을 증명할 수 있는 누군가가 "소유주를 대리하겠다."고 하여도 위임장과 인감증명서로 대리권을 증명하지 못한다면 그와는 절대로 계약을 체결해서는 안 됩니다.

개업공인중개사와 계약을 체결하는 경우

대리인과의 계약체결에 관해 한 가지 더 설명할 것이 있습니다. 만약 개업공인중개사가 "이 집은 내가 소유주의 허락 아래 관리를 하고 있으니 나와 계약을 체결하면 된다."라고 주장을 하면 어떻게 해야 할까요?

예, 맞습니다. "위임장과 인감증명서를 보여달라."고 해야 합니다. 또한 이와 함께 해당 개업공인중개사가 과연 『공인중개사법』에 따라 적법하게 등록된 개업공인중개사가 맞는지를 확인해야 합니다. 『공인중개사법』 제17조에 의거, 개업공인중개사에게는 중개사무소 내의 보기 쉬운 곳에 '중개사무소등록증 원본'과 '공인중개사자격증 원본' 등을 게시해야 할 의무가 있습니다.[7] (이를 위반할 시 100만 원 이하의 과태료가 부과됩니다.)[8] 거기에 부착된 사진과 얼굴을 대조해봅니다. 그리고 여기에 더해 휴·폐업 상태 역시 확인해봅니다. 이는 '온나라 부동산정보 통합포털' 홈페이지(http://www.onnara.go.kr)에 방문하면 쉽게 확인할 수 있습니다.

명의신·수탁자와 계약을 체결하는 경우

계약체결 당일, 등기사항전부증명서 상의 소유주A가 "실제론 이 분이 집주인이에요."라고 하며 B와 함께 나타나는 경우가 있습니다. 서류상 소유주A의 주장에 따르자면 계약하고자 하는 집의 실제 소유주는 A가 아닌 B인 것인데, 이럴 땐 누구와 계약을 체결해야 하는 것일까요? 바로 '등기사항전부증명서상의 소유주인 A'입니다.

소유관계를 공시(公示)하도록 되어있는 부동산 등에 대해, 소유자 명의를 진짜 소유자가 아닌 타인의 것으로 설정해놓은 것을 일컬어서 **명의신탁**이라고 합니다. 보통 1가구 2주택 등이 되었을 때에 받게 될 세제상의 불이익을 피하기 위해 취하는 방편인데, 당사자들 사이에선 소유권이 실제의 소유주(B)에게 있지만, 대외관계 또는 제3자에 대해서는 소유권이 가짜 소유주(A)에게 있습니다(이런 효과를 흔히 "형식적 공시를 적법하게 이루어진 것으로 추정한다."고 하여 '권리추정적 효력'이라 부릅니다.).[9] 다시 말해 임대차계약을 체결하고자 하는 민달팽이는 명의수탁자(A)가 등기사항전부증명서 상의 소유주와 동일인물인지만을 확인하고 그와 계약을 체결하면 됩니다.

그럼 이번엔 예를 좀 바꿔서, 명의신탁자A가 명의수탁자B 없이 혼자 나와 "내가 진짜 집주인이니 나와 계약을 하자."고 하면 어떻게 해야 할까요? 그럴 땐 이미 앞에서 살펴본 대리인과의 계약방법을 준용하면 됩니다. 아이러니하게도 진짜 집주인(명의신탁자A)에게 이렇게 말해야 하는 거죠.

> "등기사항전부증명서 상의 소유주(명의수탁자, 가짜 집주인)인 B명의의
> 위임장과 인감증명서를 보여주세요."

기존 임차인(전대인)과 계약을 체결하는 경우

소유주나 대리인이 아닌 (임차하고자 하는 주택의) 임차인과 계약을 체결하는 경우도 있습니다. **전대차**라고 불리는 조금은 특별한 경우입니다. 전대차가 발생하는 원인은 대표적으로 다음과 같습니다. 기존 임차인에게 사정이 생겨 애초에 약정한 기간을 다 채우지 못하고 퇴거를 해야할 때(또는 상당기간 집을 비워야 할 때) 임차인 스스로가 "나머지 기간을 살 (또는 상당기간 동안에 살) 임차인을 구한다."는 내용의 광고를 인터넷 등에 올리곤 하는데, 그때 그걸 보고 찾아온 민달팽이와 전 임차인 사이에 계약이 이루어지는 겁니다.

이와 관련하여 법률에 기초한 결론을 말씀드리겠습니다. 『민법』제 629조 제1항에 의하자면, 임차인은 소유주(임대인)의 동의 없이는 전대를 할 수가 없습니다.[10] 이를 어겼을 시 소유주는 기존 임차인(전대인)과의 임대차계약을 해지할 수 있습니다.[11]

이렇게 기존 임대차계약이 해지되면, 그에 기반을 둔 전대차계약 역시 해지가 됩니다. 그러나 이 규정은 집의 일부분(예컨대 방 한 칸)을 전대하는 경우에는 적용되지 않습니다.[12] 즉 기존 임차인과 '공간 전부에 대한 전대차 계약'을 체결해야 할 때에는 소유주의 허락이 있었는지를 입증할 수 있는 '인감증명서가 첨부된 동의서'가 필요합니다.

Q 현재 주택에 살고 있는 임차인이 인터넷 카페에 자신이 살고 있는 월세 방을 내놓았습니다. 직거래로 계약을 할까 하는데, 임차인과 계약서를 작성해도 되나요?

A 임차인과 계약을 하게 되면 주택 소유자인 임대인에게 임대차계약의 권리를 주장할 수 없습니다. 임차인이 광고를 올렸다고 하더라도, 계약은 반드시 임대인과 체결해야 합니다.

Q 학교 근처의 원룸을 월세로 구하려 합니다. 그런데 집주인 아저씨가 일이 있어서 아줌마(배우자)가 대신 계약을 체결하겠다고 하네요. 가족관계증명서로 부부관계임을 증명하겠다고 하는데, 믿고 계약을 해도 문제가 없을까요?

A 임대차계약을 반드시 주택의 소유주와 맺어야 하는 건 아닙니다. 소유주의 적법한 대리인과도 할 수가 있습니다. 그러나 가족관계증명서로는 대리권의 수여 여부를 확인할 수 없습니다. 계약하고자 하는 자가 소유주의 적법한 대리인인지를 알아보기 위해선, 대리인이라 주장하는 자에게 소유주의 인감증명서와 위임장을 요구해 사실관계를 확인할 필요가 있습니다. 인감증명서와 위임장의 도장이 같은지를 살펴보고 소유주에게 전화를 걸어 대리권 수여 여부를 확인해보세요(97쪽 참조).
한편 소유주의 배우자(아줌마)가 적법한 대리권을 증명하지 못한다면, 미련 갖지 마시고 얼른 다른 집을 알아보시길 권합니다. 월세는 전세와 달리 수요보다는 공급이 훨씬 더 많습니다(이를 일컬어 '임차인 우위시장'라 합니다.). 따라서 조금만 더 발품을 팔면, 분명 비슷한 조건의 다른 월세를 찾을 수 있을 겁니다.

무엇이든
물어보세요

Q 한 아파트에 전세로 살고 있습니다. 확정일자도 받았고 주민등록도 마쳤습니다. 그런데 며칠 전 어떤 사람이 불쑥 찾아와 "이 집은 명의신탁된 것이고 실제 집주인은 나다."라고 하며 이사갈 것을 요구합니다. 어떻게 해야 하나요?

A 명의신탁자의 요구에 따를 이유는 없습니다. 임차주택의 등기사항전부증명서를 통해 확인되는 소유자, 즉 명의수탁자는 대외적으로 적법한 소유자로 인정이 되고, 그가 행한 주택에 대한 처분 및 관리행위는 유효하기 때문입니다.[13] 다시 말해 임차인은 등기사항전부증명서상 주택의 소유자인 명의수탁자와의 임대차 관계를 주장할 수 있는 반면, 명의신탁자는 임차인에 대하여 자신이 해당 주택의 실소유자임을 내세워 집을 비워줄 것을 요구할 수 없습니다.[14]

설령 명의신탁자가 명의신탁을 해지하고 소유권이전등기를 마친 후에 주택반환을 요구해도, 임차인은 그 요구를 무시할 수 있습니다. 왜냐하면 그럴 경우엔 명의신탁자가 명의수탁자의 지위를 승계한 것으로 보기 때문입니다.[15]

Q 2017년 3월 3일부터 2년의 임대차계약을 체결하기로 했습니다. 계약서는 내일 쓰기로 했습니다. 계약서에 계약 만료일을 '2019년 3월 2일'과 '2019년 3월 3일' 중 무엇으로 적어야 하나요?

A 『민법』제157조에는 "기간을 일, 주, 월 또는 연으로 정한 때에는 기간의 초일은 산입하지 아니한다. 그러나 그 기간이 오전 영시로부터 시작하는 때에는 그러하지 아니하다."라고 쓰여있습니다. 즉 질문자께서는 이사를 2017년 3월 3일 0시에 하는 것이 아니니, 계약 만료일을 '2019년 3월 3일'로 기재하시면 됩니다.[16]

얼렁뚱땅 계약서 작성이 문제를 부른다

임대차계약은 원칙적으로 계약 당사자끼리 기간과 조건 등을 자유롭게 정할 수 있습니다. 또한 반드시 계약서를 작성해야 하는 것도 아닙니다. 그러나 추후에 발생할 수 있는 만약의 분쟁을 예방하기 위해 계약서, 즉 계약 내용을 증명할 수 있는 서류를 남겨두는 것이 좋습니다.

개업공인중개사의 중개서비스를 통해서 임대차계약을 체결할 때에는 해당 개업공인중개사가 계약서의 작성을 맡아서 하게 됩니다(계약서를 작성한 개업공인중개사는 그 사본을 5년간 보존해야 합니다.[17]).[18] 이때 개업공인중개사는 '아주 빠르게' 계약서를 작성하곤 하는데, 돌다리도 두들기며 건너고픈 임차인의 입장에서는 어째 일이 얼렁뚱땅 처리되는 것만 같은 인상이 드는 것도 사실입니다. 또 한편으론 계약서 작성 전반에 걸쳐서 활발하게 관여하고 싶지만, 관련 지식이 없어 차마 그러지 못하고 마는 것이 대부분 임차인의 사정입니다. 하여 지금부터는 '한국공인중개사협회'가 제공, 개업공인중개사들 사이에서 가장 널리 쓰이는 '부

부동산임대차계약서

□ 전세   □ 월세

부동산의 표시

임대인과 임차인 쌍방은 아래 표시 부동산에 관하여 다음 계약내용과 같이 임대차계약을 체결한다.

1.부동산의 표시

소 재 지					
토 지	지 목		면 적		㎡
건 물	구조용도		면 적		㎡
임대할부분			면 적		㎡

2. 계약내용

제 1 조 (목적) 위 부동산의 임대차에 한하여 임대인과 임차인은 합의에 의하여 임차보증금 및 차임을 아래와 같이 지불하기로 한다.

보 증 금	금		원정은 (₩	)
계 약 금	금	원정은 계약시에 지불하고 영수함. 영 수 자 (		㊞)
중 도 금	금	원정은	년 월	일에 지불하며
잔 금	금	원정은	년 월	일에 지불한다.
차 임	금	원정은 (선불로·후불로) 매월		일에 지불한다.

제 2조 (존속기간) 임대인은 위 부동산을 임대차 목적대로 사용·수익할 수 있는 상태로 _____년 _____월 _____일까지 임차인에게 인도하며, 임대차 기간은 인도일로부터 _____년 _____월 _____일까지로 한다.

제 3조 (용도변경 및 전대 등) 임차인은 임대인의 동의없이 위 부동산의 용도나 구조를 변경하거나 전대·임차권 양도 또는 담보제공을 하지 못하며 임대차 목적 이외의 용도로 사용할 수 없다.

제 4조 (계약의 해지) 임차인이 제3조를 위반하였을 때 임대인은 즉시 본 계약을 해지 할 수 있다.

제 5조 (계약의 종료) 임대차계약이 종료된 경우에 임차인은 위 부동산을 원상으로 회복하여 임대인에게 반환한다. 이러한 경우 임대인은 보증금을 임차인에게 반환하고, 연체 임대료 또는 손해배상금이 있을 때는 이들을 제하고 그 잔액을 반환한다.

제 6조 (계약의 해제) 임차인이 임대인에게 중도금(중도금이 없을 때는 잔금)을 지불하기 전까지, 임대인은 계약금의 배액을 상환하고, 임차인은 계약금을 포기하고 본 계약을 해제할 수 있다.

제 7조 (채무불이행과 손해배상) 임대인 또는 임차인이 본 계약상의 내용에 대하여 불이행이 있을 경우 그 상대방은 불이행한 자에 대하여 서면으로 최고하고 계약을 해제 할 수 있다. 그리고 계약 당사자는 계약해제에 따른 손해배상을 각각 상대방에 대하여 청구할 수 있다.

제 8조 (중개보수) 개업공인중개사는 임대인과 임차인이 본 계약을 불이행함으로 인한 책임을 지지 않는다. 또한, 중개보수는 본 계약체결과 동시에 계약 당사자 쌍방이 각각 지불하며, 개업공인중개사의 고의나 과실없이 본 계약이 무효·취소 또는 해제되어도 중개보수는 지급한다. 공동중개인 경우에 임대인과 임차인은 자신이 중개 의뢰한 개업공인중개사에게 각각 중개보수를 지급한다.(중개보수는 거래가액의 _____%로 한다.)

제 9 조 (중개대상물확인·설명서 교부 등) 개업공인중개사는 중개대상물 확인·설명서를 작성하고 업무보증관계증서(공제증서 등) 사본을 첨부하여 계약체결과 동시에 거래당사자 쌍방에게 교부한다.

특약사항

특약사항

본 계약을 증명하기 위하여 계약 당사자가 이의 없음을 확인하고 각각 서명·날인 후 임대인, 임차인 및 개업공인중개사는 매장마다 간인하여야 하며, 각각 1통씩 보관한다.   _____년 _____월 _____일

인적사항 & 서명·날인

임대인	주 소					
	주민등록번호		전 화		성 명	㊞
	대 리 인	주소	주민등록번호		성 명	
임차인	주 소					
	주민등록번호		전 화		성 명	㊞
	대 리 인	주소	주민등록번호		성 명	
개업공인중개사	사무소소재지		사무소소재지			
	사 무 소 명칭		사 무 소 명칭			
	대 표	서명및날인	대 표	서명및날인		㊞
	등 록 번 호		전화	등 록 번 호		전화
	소속공인중개사	서명및날인	㊞	소속공인중개사	서명및날인	㊞

KAR 한국공인중개사협회

동산임대차계약서양식(이하 임대차계약서)[19']을 예로 들어 계약서 작성 시에 유의할 점에 대하여 살펴보도록 하겠습니다.

계약서의 구성

임대차계약서는 크게 다음의 네 부분으로 나눌 수 있습니다(네 부분의 명칭은 제가 임의로 정했습니다.). 먼저 집의 주소와 면적 등이 적히는 부동산의 표시란, 그리고 임대차계약의 기간, 보증금(전세금)과 월세의 규모, 그 지급 날짜 등이 명기되는 일반적 사항란과 일반적 사항란에 표시되지 않은 나머지의 내용들을 적는 특약사항란. 마지막으로 임대인과 임차인, 개업공인중개사의 인적사항과 서명·날인(개업공인중개사는 서명 및 날인)*이 들어가는 인적사항&서명·날인란입니다. 이하 이것들을 하나씩 들여다보도록 하겠습니다.

부동산의 표시

임대차계약서 맨 앞에 위치하는 부동산의 표시란부터 살펴보겠습니다.

---

*   임대인과 임차인은 서명 또는 날인 중에 하나만 하여도 괜찮지만(서명·날인), 개업 공인중개사는 서명과 날인을 함께(서명 및 날인)해야 합니다(『공인중개사법』 제26조 제2항). 참고로 서명, 기명, 사인, 날인의 뜻은 다음과 같습니다.
– 서명 : 본인이 자필로 이름을 적는 것   – 기명 : 어떤 방법으로든 이름을 적는 것
– 사인 : 자신만의 방법으로 이름을 적는 것   – 날인 : 도장을 찍는 것

정보
수집·
임장
활동

권리
분석·
계약

거
주

퇴
거

해당란엔 임대차계약의 대상이 되는 집의 소재지와 지목*, 구조, 용도 등이 적힙니다. 워낙 기본적인 사항이 적히는 곳이라 대수롭지 않게 여길 수 있는 부분입니다. 그러나 여기엔 '눈에 쌍심지를 켜고' 아주 철저하게 다뤄줘야 하는 란이 하나 있습니다. 바로 주소, 즉 소재지란입니다.

단독(다가구)주택은 해당란에 지번까지만 기입을 해도 괜찮습니다. 그러나 아파트 등의 공동주택은 지번, 동, 호수까지를 '반드시 정확하게' 명기해야 합니다. 그렇지 않으면 집이 경매에 넘어갔을 때 보증금을 몽땅 잃을 수도 있습니다.

까닭은 앞서 공부한 권리분석법을 통해서 설명이 가능합니다. 임차인은 주소지등록과 확정일자를 통해 임차인으로서의 권리를 강화**하는 것과 동시에, 자신의 거소 사실을 제3자에게 나타냅니다. 가령 민달팽이A가 공동주택***인 '코끼리연립 201호(소재지 : 서울특별시 영등포구 신길동 123-45번지)'에 임대차계약을 체결하면서, 계약서 소재지란에 "서울특별시 영등포구 신길동 123-45번지 코끼리연립"이라고 호수를 누락시켜 적는

---

*   '토지의 주된 사용목적'에 따라 각각에 이름을 부여한 것을 일컬어서 '지목'이라 합니다(지목을 위배한 토지의 사용은 불법입니다.). 전·답·과수원·목장용지·임야·염전 등 총 28개 지목이 있으며, 주거용 건축물을 지을 수 있는 토지는 '대'라고 합니다.

**   확정일자를 받지 않은 임차인은 등기사항전부증명서에 나타나는 저당권 등에 대항할 수가 없습니다.

***   단독주택과 공동주택을 구분하는 가장 쉬운 방법은 "집을 세대별로 소유할 수 있는가? 혹은 없는가?"를 따지는 것입니다. 가령 '고래빌라'라는 이름의 3층짜리 주택이 있고 101호부터 302호까지 총 6세대가 살고 있는데, 그 각각의 세대를 구분하여 소유할 수 있다면 '공동주택'입니다. 그러나 그럴 수 없다면 '단독주택'입니다.

다거나 "서울특별시 영등포구 신길동 123-45번지 코끼리연립 202"로 호수를 잘못 명기한다면, 추후 해당 집을 담보로 대출을 해줄 채권자B 나 경매로 소유권을 취득하게 될 투자자C 등의 '제3자'는 임차인A의 존재를 인지하지 못해(계산에 넣지 못해) '선의의 피해'를 입게 될 것입니다. 이런 사고를 방지하기 위해 현행법은 사실과는 다른 주민등록은 (설령 그것이 실수라고 하더라도) 임대차 공시의 유효한 방법으로 인정하고 있질 않습니다.[20]

따라서 임대차계약서 소재지란에 해당 집의 주소를 정확하게 적는 것이 매우 중요한데, 그 주소는 (우리가 열심히 분석한) 등기사항전부증명서가 아닌 건축물대장을 참고로 하여야 합니다. 건축물대장이란 건축물(집)의 소재, 종류, 구조 등이 등록되어있는 서류를 말합니다. 등기사항전부증명서에 표시되어있는 주소는 바로 이 건축물대장을 기초로 하여 작성된 것입니다. 다시 말해 등기사항전부증명서와 건축물대장에 나타난 해당 주택의 주소지가 서로 다른 경우에는(물론 이런 경우는 극히 드뭅니다.) 등기사항전부증명서에 오류가 있는 겁니다.

건축물대장은 민원24(http://www.minwon.go.kr) 홈페이지에 접속하면 쉽게 확인할 수 있습니다. 주소만 확인하면 되는 것이니 따로 그 생김새를 살피지는 않도록 하겠습니다.

일반적 사항

일반적 사항란을 살펴보도록 하겠습니다. 일반적 사항란엔 임대차계약의 기간과 보증금, 계약금, 중도금 등의 액수와 지급 날짜를 비롯하여 여러 임대차계약에 두루 적용되는 '보편적이고 표준적인 사항'들이 적힙니다.

이를테면 지금 분석하고 있는 한국공인중개사협회의 임대차계약서 서식에서 '일반적 사항' 중 보증금액과 존속기간, 중개보수요율 등의 '협의된 숫자를 적는' 제1조와 제2조, 제8조를 제외한 항목, 다시 말해 제3조 내지 제7조, 그리고 제9조에 쓰인 글귀는 모두 『민법』과 『공인중개사법』에 명기된 규정 가운데 한참이나 오래 묵은 것들의 문장을 조금 손보아서 옮겨 적은 것에 다름 아닙니다.

몇 가지만 따져보도록 하겠습니다. 먼저 "임대인의 동의 없이는 부동산(집)의 용도나 구조를 변경하지 못하고, 임차권의 양도 및 전대를 금하며, 이를 어길 시엔 임대인이 임대차계약을 해지할 수 있다."는 제3조와 제4조의 사항은 『민법』 제629조 제1항 및 제2항과 제610조 및 제654조에 명시된 규정과 같습니다.

또한 "임대차계약이 종료된 경우에는 임차인이 부동산(집)을 원래의 상태로 회복하여야 하며, 연체 임대료 또는 손해배상금이 있을 경우, 보증금에서 이를 제하고 그 나머지 잔액을 반환한다."는 제5조의 내용 역시 『민법』 제615조 및 제654조에 명기된 규정입니다(이 부분에는 주의해야 할 점이 있습니다. 그에 대해선 194쪽 각주를 통해 설명하겠습니다.).

그럼 "중도금(중도금이 없을 때에는 잔금)을 지불하기 전까지 임대인은 계약금의 배액을 상환하고 임차인은 계약금을 포기하고 계약을 해제할 수 있다."는 내용의 제6조는 어떨까요?『민법』제565조 제1항과 제398조 제4항에 쓰인 사항과 '거의 같습니다.'*

이 밖에도 제7조와 제9조에 적힌 글귀 또한 해당 법률에 관련 규정이 오래 전부터 존재하고 있는 '진부한 사항'입니다.

결국 임대차계약서의 완성도는 비(非)일반적인 사항들, 그러니까 일반적 사항란에 적히지 않는 것들, 가령 "임대인은 ○○월 ○○일까지 도배와 장판을 새로 해 임차인에게 주택을 인도한다."와 같은 당사자끼리의 협의사항 등을 적는 '특약사항'란에서 결정이 됩니다.

물론 그렇다고 하여 일반적 사항란에 대해서 주의 깊게 다루어야 할 부분이 없다는 것은 아닙니다. 공란으로 남겨진 칸 중 제1조와 제2조에 딱 맞는 '작성의 팁'이 몇 가지 있습니다. 다음은 그에 관한 설명입니다.

하나 보증금과 계약금(계약금은 보증금의 10%로 하는 것이 일반적입니다.), 중도금 등의 '금액'을 적을 때에는 변조를 방지하기 위해 아라

---

* 『민법』제565조 제1항은 다음과 같습니다. "매매의 당사자 일방이 계약당시에 금전 기타 물건을 계약금, 보증금등의 명목으로 상대방에게 교부한 때에는 당사자 간에 다른 약정이 없는 한 당사자의 일방이 이행에 착수할 때까지 교부자는 이를 포기하고 수령자는 그 배액을 상환하여 매매계약을 해제할 수 있다."
밑줄 친 '일방이 ~ 이행에 착수할 때까지'라는 것은 임차인이 중도금(중도금이 없을 때에는 잔금)을 지불하는 것만이 아닌, 임대인이 임차인에게 집을 인도하기 위하여 이사를 가는 행위 등도 포함되는 넓은 의미의 문장입니다. 그러니까 임대차계약서 일반적 사항란 제6조의 내용은『민법』제565조 제1항과는 분명한 차이가 있는 것이지요. 바로 이런 이유 때문에 본문에서는 '거의 같습니다.'라는 표현을 사용했습니다.

비아 숫자와 함께 한글이나 한자를 옆에 한 번 더 써넣는 것이 좋습니다.

둘 임차보증금을 일시불로 지급하거나 중도금이 없는 경우 '이를 확실히 나타내기 위해' 해당란에 꼭 "해당 없음"이라고 표시를 해야 합니다.

셋 계약금을 지불하고 이를 증명하기 위해 '임대인이 계약금을 수령하였음'을 계약서에 명기, 이와 함께 영수자의 서명과 날인을 받아두는 것이 좋습니다(한국공인중개사협회가 제공하는 임대차계약서 서식 제1조 표 안에는 첫째와 셋째 팁을 활용하기 위한 공간이 따로 마련되어있습니다.).

넷 임대차계약기간은 '2년이 아닌 1년'으로 하는 것이 임차인에게 더 유리합니다. 주지하고 있는 것처럼 통상의 주택임대차계약은 그 존속기간을 2년으로 합니다. 그런데 이 2년이라는 기간에는 어떠한 법률적 근거가 존재하는 것이 아닙니다. 다시 말해 별 생각 없이 적어넣었던 '2년이라는 주택임대차계약기간'은 다만, 하나의 관습인 겁니다.

한편 『주택임대차보호법』은 "기간을 정하지 아니하거나 2년 미만으로 정한 임대차는 그 기간을 2년으로 본다."고 규정하고 있습니다. 또한 바로 이어 "다만, 임차인은 2년 미만으로 정한 기간이 유효함을 주장할 수 있다."라고 하고 있습니다.[21] 다시 말해 존속기간을 1년으로 정한 임대차계약의 경우 임차인은 처음의 약속대로 1년을 살 수도, 아니면 변심하여 『주택임대차보호법』의 보호아래에서 2년을 살 수도 있습니다. 그러니 임차인의 입장에선 계약기간을 굳이 2년으로 못 박을 이유가 없는 겁니다.

특약사항

특약사항란을 살필 차례입니다. 특약사항란에는 말 그대로 '당사자 간의 특(特)별한 약(約)정'이 적힙니다. 계약서의 완성도를 결정짓는 '아주 중요한 부분'이기 때문에 내용을 적을 때에는 최대한 자세하게 적는 것이 좋습니다.

가령 임차하고자 하는 어느 아파트 발코니 벽에 곰팡이가 핀 것을 당사자가 확인하고는 계약서를 작성할 때 집주인으로부터 "입주하는 날까지 발코니 벽에 페인트칠을 새로 해놓겠다."라는 약속을 받았다면, 계약서 특약사항란에 "임대인은 임차인이 입주하는 날까지 발코니 벽에 페인트칠을 새로 해놓는다."라는 문구를 적는 것 외에 추가로 "만약 본 약속이 이행되지 않았을 시 발코니 벽 페인트칠에 관한 모든 사항은 임차인이 소관하며 그 비용은 차후 월세에서 공제한다. 또한 이때 임차인은 영수증 등의 증빙자료를 임대인에게 제시하여야 한다." 등 약속이 지켜지지 않았을 때에는 어떻게 한다는 사항까지를 구구절절 명기해두어야 나중에 불거질 만약의 분쟁을 예방하는 데 보다 더 효과적입니다 (만약 아기가 있는 등의 사정으로 페인트 냄새가 빠질 기간이 필요하다면, 이행기일을 '입주하는 날'까지가 아닌 '○○월 ○○일'까지로 특정해 명기해두면 좋습니다.).

어쨌든 특약사항란에는 당사자의 합의에 의한 것들을 자유롭게, 그리고 자세하게 적습니다. 그러나 보통의 당사자는 일반적 사항란에 적히는 임대차 기간 등을 제외하고는 다른 무엇을 합의해야 하는지를 잘 모르기 때문에, 특약사항란에 적을 거리 자체를 아예 만들지 못하는 경우가 더러 있습니다. 그래서 지금부터는 당사자끼리 과연 어떠한 것들을 합의해야 하고, 특약사항란에 무엇을 명기해야 하는가에 관한 나름의 가이드라인을 제시하고자 합니다.

하나 입주 전 수리해야 할 것들과 그 비용처리에 관한 합의가 이루어져야 합니다. 바로 앞에서 예로든 '발코니 벽 페인트칠'이 여기에 해당합니다. 때문에 이 부분에 대한 설명은 앞서의 서술로 갈음하겠습니다. 대신 팁을 하나 더합니다. 입주 후 얼마 지나지 않아 임장 시에 살피지 못한 고장을 발견하고는 집주인에게 연락을 해야 하나? 말아야 하나? 고민하는 경우가 왕왕 있습니다. 바로 이런 걱정을 덜기 위해 특약사항란에 "입주 후 ○○일 내에 발견된 고장의 경우 그 고장은 인도받기 전에 발생된 것으로 추정한다."라는 문구를 삽입할 것을 권고 드립니다.

둘 거주기간 동안 고장 날 염려가 있는 것들, 예컨대 보일러와 수도, 형광등, 방충망 등의 수리 및 비용부담에 관하여 합의해야 합니다. 『민법』제623조에 의하면 임대인에겐 '임차인이 집을 사용·수익할 수 있도록 그 상태를 유지해야 할 의무'가 있습니다.[22] 또한 법원은 '임차인의 고의 또는 과실에 의한 파손 혹은 손쉽게 고칠 수 있을 만큼의 사소한 고장은 해당 규정에 의한 임대인의 의무에 해당하지 않는다'고 해석하고 있습니다.[23] 다시 말해 일반적으로 간단히 수선할 수 있거나 소모품의 교체(예 : 형광등 교체)에 드는 비용은 임차인이, 그 외 난방(보일러)이나 상하수도, 전기시설 등 주요 설비에 관한 수선 및 교체에 드는 비용은 임대인이 부담하기로 하는 것이 무리가 없는 합의입니다.

셋 '임차인이 임차주택을 인도받을 때까지는 저당권 등의 권리설정을 하지 않는다'는 내용의 글이 삽입되어야 합니다. 임대차계약을 체결하고 해당 주택에 입주하는 날까지는 상당한 시일이 걸리는 것이 보통입니다. 그 사이에 담보대출(근저당권) 등을 원인으로 한 권리변동이 생길 수도 있습니다. 그러면 애써 한 권리분석이 물거품이 되겠지요. 따라서 "입주일까지 권리사항에 변동이 있을 시 임차인은 계약을 해제할 수 있다."는 내용과 더불어 '그에 의한 손해배상책임'까지도 명기해두어야 합니다.

넷 만약 임대인이 보증금으로 선순위 근저당권을 감액 및 말소등기하기로 합의했다면, 이 또한 확실하게 특약사항란에 써두어야 후에 근심이 없습니다.

다섯 입주 전 기간의 관리비 및 공과금 부담에 관한 사항을 확실히 해두어야 합니다. 종전 임차인이 관리비 또는 전기요금, 수도요금 등의 공과금을 납부하지 않고 이사를 가서 새로운 임차인이 곤란을 겪게 되는 경우가 이따금씩 발생하곤 합니다. 이런 사태를 미연에 방지하려면 '입주 전 기간의 관리비 및 공과금 미납 부분에 관해서는 임대인이 책임을 진다'는 내용의 약정이 필요합니다.

여섯 "잔금지급일까지 국·지방세 완납증명서를 첨부한다."는 확약이 필요합니다. 우린 앞서 등기사항전부증명서를 분석하며 '압류의 개념'을 다뤘습니다(76쪽 참조). 거기서 설명한 것처럼, 집주인이 세금을 체납하면 해당 집에 압류가 설정됩니다. 압류 이후의 절차는 공매입니다. 국가가 주체인 경매를 일컬어서 공매라고 합니다. 그러니까 집이 공매로 넘어가는 순서는 다음과 같습니다.

앞에서 우린 등기사항전부증명서를 통해서 ② 단계 상태에 놓인 집을 확인하는 방법을 배웠습니다. 사실 다른 종류의 증명서(서류)를 확인하면 ① 단계의 여부도 알아볼 수가 있습니다. 집주인(소유주)의 '국·지방세 완납증명서'를 살피면 됩니다. 국·지방세 완납증명서는 이름 그대로 국세 또는 지방세를 완납한 이에게만 발급이 허락된 서류입니다. 따라서 집주인이 이 증명서를 첨부하지 못한다는 건, 임차하고자 하는 집이 공매로 넘어가는 총 3단계 중 ① 단계에 머물러 있다는 것을 의미합니다. 때문에 "잔금지급일까지 국·지방세 완납증명서를 첨부한다."는 내용과 더불어 "본 증명서가 첨부되지 않을 시 임차인은 계약을 해제할 수 있다. 또한 임대인은 이로 인해 빚어지는 임차인의 금전적 손해에 대한 배상책임을 진다."라는 문구를 삽입하는 것이 좋습니다.[*]

일곱 '중도해지'에 관한 합의사항이 들어가야 합니다. 부득이한 사유, 예를 들어 전근이나 전학으로 인해 처음 약정한 임대차계약기간을 모두 채우지 못하고 이사를 가야 할 때가 있습니다. 그럴 때에는 임대인이 임차인에게 '처음의 약속기간을 지키지 못한 점'을 까닭으로 들어 손해배상을 요구할 수 있습니다. 보통 실무에선 이사를 가게 되는 임차인이 임대인의 중개보수를 대신 납부해주는 조건(임차인A가 이사를 가면 다른 임차인B가 들어오는데, 그때 임대인에게는 중개보수가 발생하게 됩니다.)으로 손해배상에 갈음하곤 합니다. 만약 그것이 여의치 않을 경우에는 임대인의 허락을 얻어서 직거래 등으로 남은 임대차 기간 동안에 전대차를 놓기도 합니다(이에 관해선 앞에서 살펴보았습니다.). 어쨌든 임대차계약의 중도해지에 관한 사항

---

[*] 만약 이것이 여의치 않다면, 임대인의 동의를 얻어 임차인이 직접 세무서 등(국세는 세무서, 지방세는 구청 등)에 방문하여 임대인의 국세 및 지방세 체납여부를 확인할 수도 있습니다(『국세징수법』 제6조의2 제1항, 『지방세기본법』 제64조 제1항). 임대인의 동의를 얻었다는 사실은 임대인의 신분증 사본으로 증명하게 되어있습니다. 즉 임대인의 신분증 사본을 가지고 세무서와 구청 등에 방문하여 담당 공무원에게 "임대인의 세금체납여부를 확인하러 왔다."라고 말하면 됩니다.

이 사전에 합의되지 않으면, 해당 사건이 닥쳤을 때에 임차보증금을 돌려받는 과정에서 갈등이 생길 수 있습니다. 이를 대비한 약정이 필요합니다.

여덟 아파트 등의 공동주택을 대상으로 하는 임대차계약이라면 '장기수선충당금의 반환'에 관한 내용을 명기해두는 것이 좋습니다. 장기수선충당금이란 공동주택건축물의 수명연장 및 가치보존을 위해(예 : 건물 외벽 도색이나 엘리베이터 교체 등) 미리 적립해두는 돈을 말합니다.(2016년 4월 기준, 전국 평균 장기수선충당금당금은 m²당 128원입니다.)[24]

이에 관한 효용(건축물의 수명연장에 관한 효용)은 임차인이 직접적으로 누리는 것이 아니기 때문에, 주거생활편익제공(예 : 소방시설 및 정화조관리 등)을 위하여 거두는 '수선유지비'와는 다르게 집주인(소유주)이 납부하는 것을 원칙으로 하고 있습니다. 또한 관련 법률은 "공동주택의 사용자는 그 소유자를 대신하여 장기수선충당금을 납부한 경우에는 해당 주택의 소유자에게 그 납부액의 지급을 청구할 수 있다."고 규정하고 있습니다.[25]

일반적으로 장기수선충당금은 관리비와 함께 부과되기 때문에(관리비부과내역서를 펼쳐보면 일반관리비, 소독비, 수선유지비 등과 함께 '장기수선충당금'의 내역을 쉽게 확인할 수 있습니다.) 임차인은 임대차계약을 마치며 해당 부분만큼을 따로 임대인에게 청구·수령하게 됩니다. 그런데 이에 대한 지식을 갖추지 못한 임대인이 일부 있어서, 장기수선충당금 반환 청구 시 종종 마찰이 일곤 합니다. 따라서 해당 내용을 사전에 합의하는 것은 물론이기니와('임차인이 온전히 부담을 하기'로 협의를 할 수도 있습니다.) 임대차계약서 특약사항란에 "장기수선충당금은 임대차 기간 중에는 임차인이 부담을 하고, 계약이 종료되면 퇴거 시에 임대인이 임차인에게 반환하기로 한다."라는 내용의 글을 삽입할 것을 권고합니다.

아홉 다가구주택은 집주인이 부르는 값이 곧 관리비가 되는 형국이다 보니, 임대차 기간 중 그 적정성에 관한 시비가 벌어지는 일이 잦습니다. 이를 막기 위해서는 계약서의 특약사항란을 통해 관리비의 부과 기준 및 금액에 대한 약정을 하는 것이 좋습니다.

열 지금까지 제시된 아홉 가지 말고 그 외에 합의된 사항들을 적어넣으면 됩니다.

서로 간의 합의 내용을 서면으로 모두 옮기지 못할 수도 있습니다. 그런 때를 대비하여 대화 내용을 '녹취'해두는 것도 '안전한 계약을 위한 한 방법'입니다. 흔히들 녹취가 불법이라고 알고 있으나 이는 잘못된 상식입니다. 다만, 대화장소에 배석하지 않은 상태에서 다른 사람들의 대화를 몰래 녹음(도청)하는 것은 불법입니다. 다시 말해 녹음을 하는 사람이 대화의 당사자라면, 상대방 몰래 녹음을 해도 괜찮습니다.[26]

인적사항&서명·날인

임대차계약서 제일 밑에 위치하는 '인적사항&서명·날인'란을 살펴보겠습니다. 임대차계약서에 계약 당사자를 표시하는 이유는 계약에 따른 권리자 및 의무자를 특정하기 위함입니다. 따라서 '인적사항&서명·날인'란에는 임대인(집주인)과 임차인의 이름, 주소, 주민등록번호, 또 개업공인중개사의 이름과 사무소명칭, 소재지, 등록번호 등이 적힙니다. 이것들이 제대로 적혔는지를 꼼꼼히 확인한 후 해당란에 서명·날인(도장, 지장)하면 임대차계약서 작성이 완료됩니다.

확정일자를 받기 위한 임대차계약서가 지켜야 할 6가지 요건

앞에서 저는 임대차계약서에는 정해진 형식이 없다고 했습니다. 그런데 사실 이는 '원칙적으로만 참'입니다. 확정일자를 받기 위한 임대차계약서에는 (우리에겐 보증금을 지키기 위한 확정일자가 반드시 필요합니다.) 관련 규칙에 의거한 다음의 여섯 가지 요건이 갖추어져야 합니다.[27]

하나 임대인·임차인의 인적사항, 임대차 목적물, 임대차 기간, 차임·보증금 등이 적혀있는 완성된 문서여야 합니다.

둘 계약당사자(대리인에 의하여 계약이 체결된 경우에는 그 대리인을 말합니다.)의 서명 또는 기명날인이 있어야 합니다.

셋 글자가 연결되어야 할 부분에 빈 공간이 있는 경우에는 계약당사자가 빈 공간에 직선 또는 사선을 그어 그 부분에 다른 글자가 없음이 표시되어있어야 합니다.

넷 정정한 부분이 있는 경우에는 그 란의 밖이나 끝부분 여백에 정정한 글자 수가 기재되어있고 그 부분에 계약당사자의 서명이나 날인이 되어있어야 합니다.

다섯 계약증서가 두 장 이상인 경우에는 간인(間印)이 있어야 합니다.

여섯 확정일지가 부여되어있지 않아야 합니다. 다만, 이미 확정일자를 부여받은 계약증서에 새로운 내용을 추가로 기재하여 재계약을 한 경우에는 그러하지 않습니다.

이상 한국공인중개사협회가 제공하는 임대차계약서의 양식과 그 작성방법 등에 대하여 살펴보았습니다.

현장의 개업공인중개사들은 이 양식 외에도 각자의 성향에 따라 서로 다른 모습의 임대차계약서를 사용하고 있습니다. 그러나 그것들이 지금까지 우리가 살펴본 모양을 크게 벗어나지는 않습니다. 그러니 부디 두려움을 버리고 임대차계약서 작성 시의 모든 과정에 활발히 관여하여 근심 없는 계약을 체결하길 바랍니다.

계약서 외에 추가로 받아야 할 서류들

개업공인중개사가 제공하는 중개서비스를 통해 임대차계약을 체결하게 되면, 당사자는 관련 법률에 의해 임대차계약서 외에 추가로 중개대상물 확인·설명서와 보험(공제)증서의 사본(또는 전자문서)을 수령하게 됩니다(총 3종의 서류 수령).[28]

'중개대상물 확인·설명서'란 중개대상물의 종류 및 권리관계, 중개보수의 금액과 그 산출내역 등이 적혀있는, 중개서비스에 관한 일종의 종합보고서입니다(개업공인중개사는 그 사본을 3년간 보존해야 합니다.).[29] 보험(공제)증서 사본은 말 그대로 손해배상책임보장보험의 가입을 증명하는 서류입니다(이를 받아두어야 나중에 문제가 생겼을 때에 손해배상금을 청구하기가 용이합니다.).

이것들은 임대차계약서에 비해 중요한 서류는 아니므로 여기에서는 따로 그 생김새를 살피지는 않겠습니다.

Q 임대인과 직거래를 했습니다. 임대인이 계약서를 작성했는데, 주소를 지번까지만 적고 빌라의 동·호수는 빼먹었습니다. 당시엔 대수롭지 않게 여겨 그 계약서에 그대로 확정일자를 받고 전입신고를 마쳤습니다. 그런데 주소를 정확하게 적지 않은 것이 내내 신경 쓰입니다. 저는 지금 대항력을 취득한 임차인이 맞나요?

A 질문자께서 '빌라'라고 표현하신 것으로 보아, 현재 임차 중인 주택은 다세대주택, 즉 공동주택인 것으로 생각됩니다. 하지만 정확한 확인을 위해 등기사항전부증명서를 떼어볼 필요가 있습니다. 만약 등기사항전부증명서가 각 세대별(각 호수별)로 발급이 가능하다면(즉 집주인을 서로 다르게 둘 수 있다면) 해당 주택은 공동주택입니다. 공동주택일 경우 질문자께서는 대항력이 없습니다(109~111쪽, 141~154쪽 참조).[30]

Q 임대차계약서에 도장 대신 지장을 찍어도 되나요?

A 날인은 지문을 포괄하는 개념이므로[31] 도장이 없을 때에는 지장을 찍어도 무방합니다.

Q 임대차계약기간 중에 주소지를 잠시 다른 곳으로 옮긴 적이 있습니다. 확정일자를 다시 부여받아야 하나요?

A 확정일자는 다시 부여받지 않아도 됩니다. 그러나 질문자께선 대항력을 주민등록을 전출한 시점에 한 번 상실하셨다가 재전입신고를 한 다음날(0시)에 다시 취득하신 것입니다. 따라서 만약 주민등록을 전출한 기간에 해당 주택에 근저당권 등이 설정되었다면 그 권리는 질문자의 임차권에 우선하게 됩니다(141~154쪽 참조).

Q 신축 다세대주택에 임대차계약을 체결했습니다. 준공검사 전이라 건축물대장이 없어 건물에 실제 표시된 대로 '가동 103호'라고 써넣어 임대차계약서를 작성했습니다. 그리고 곧장 전입신고를 끝마쳤고 확정일자도 부여받았습니다. 그런데 준공검사 후 건축물대장이 작성되면서 '가동'이 'A동'이 되었습니다. 현재 그에 따라 제가 살고 있는 집의 등기사항전부증명서도 A동 103호라고 확인이 됩니다. 저는 『주택임대차보호법』의 적용을 받을 수 있는 건가요?

A 『주택임대차보호법』 제3조 제1항에서 주택의 인도와 함께 대항력의 취득 요건으로 규정하고 있는 주민등록(전입신고)은 거래의 안전을 위해 임대차의 존재를 제3자가 명백히 인식할 수 있게 하는 공시의 방법으로써 마련된 것입니다.[32] 즉 주민등록이 공부상의 동 표시와 일치하지 않는 이 경우에는 『주택임대차보호법』이 요구하는 유효한 공시방법인 주민등록에 해당하지 않기 때문에 해당 법률의 보호를 받을 수가 없습니다. 질문자께서는 주민등록을 A동 103호로 바로잡으신 뒤에야 비로소 『주택임대차보호법』의 보호를 받게 됩니다.[33]

Q 곧 전세 임대차계약이 만료됩니다. 다행히 집주인과 이야기가 잘 되어 보증금을 조금 올려주는 조건으로 재계약을 하기로 했습니다. 그런데 집주인이 부동산중개사무소에서 계약서를 작성하면 서로 수수료를 부담해야 하니, 기존 계약서에 증액된 보증금과 연장기간만 적어넣는 것으로 재계약을 마무리 짓자고 합니다. 그렇게 해도 괜찮은 건가요?

A 네, 괜찮습니다. 임대차계약서 여백에 '이전 계약의 재계약'이라는 취지를 명확히 표시하고, 당사자가 서명이나 날인을 하면 됩니다. 그리고 그렇게 수정한 계약서에도(확정일자를 이미 받았더라도) 확정일자를 받을 수 있습니다(211~212쪽 참조).[34]

Q 일주일 전 작은 다세대주택에 임대차계약을 체결하고 계약금까지 지불했습니다. 확인 차원에서 묻습니다. 장판과 벽지는 제가 입주하기 전에 임대인이 새로 해줘야 하는 것 맞지요?

A 임대인이 장판과 벽지를 새로 해주는 조건으로 계약을 맺지 않았다면, 임대인에겐 그럴 의무가 없습니다. 임대차계약 시에 임대인이 임차인에게 장판과 벽지를 새로 해주겠다고 하는 것은 임차인에 대한 배려일 뿐 법률로 규정된 임대인의 의무는 아닙니다.

Q 다가구주택에 임대차계약을 체결하고 전입신고를 마친 임차인입니다. 오늘 계약서에 주소를 지번까지만 기재한 사실을 알게 되었습니다. 대항력의 취득을 위해 계약서를 다시 작성해야 하나요?

A 다가구주택은 (다세대주택과는 달리) 구분소유가 불가능한 건물입니다. 따라서 '임차인은 지번만 기재하는 것으로 충분하고, 나아가 그 전유 부분의 표시까지 기재할 의무나 필요는 없습니다.[35] 즉 질문자께서는 현재 온전히 대항력을 취득한 임차인이므로 다시 계약서를 작성하실 필요는 없습니다.

SECTION. 09

전월세 자금대출은
어떻게 받을 수 있나

빛 없이 집을 사는 경우가 드물듯이, 가진 돈에 꼭 맞는 집을 임차하여 사는 사례 또한 귀합니다. 대부분의 임차인은 크건 작건 간에 일정한 빚을 내어 전월세보증금을 마련합니다. 그것이 우리네의 보편적인 살림살이 모습입니다. 전월세자금대출(이하 전세자금대출)에 관하여 알아보겠습니다.

전세자금대출은 '임차인이 임대인의 동의를 얻어' 은행 등의 금융사(이하 은행)와 질권*설정계약을 맺는 형태로 거래가 이루어지는 것이 보통입니다. '2년 만기 일시상환 방식(2년 동안 이자만 내는 방식)'이 일반적이며, 전체적인 흐름은 다음 페이지의 그림과 같습니다.

---

*   은행이 임차인에게 대출을 해주는 한편, 임차보증금(전월세 보증금)을 담부로 잡아 이후 임차인이 대출금을 상환하지 않으면 은행이 그 임차보증금으로 대출금을 상환받을 수 있도록 하는 권리를 말합니다.

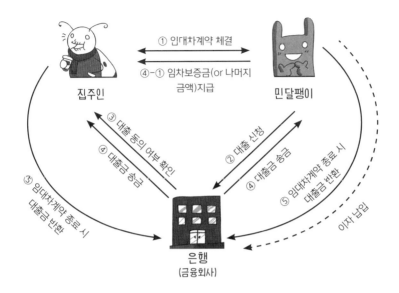

① 임대차계약 체결

④-① 임차보증금(or 나머지 금액)지급

집주인

민달팽이

③ 대출 동의 여부 확인

④ 대출금 송금

② 대출 신청

④ 대출금 송금

⑤ 임대차계약 종료 시
대출금 반환

⑤ 임대차계약 종료 시
대출금 반환

이자 납입

은행
(금융회사)

　① 임대차계약을 체결한 후 은행에 방문해 ② 전세자금대출을 신청하면, 은행이 임대인(집주인)에게 ③ 전세자금대출의 동의 여부를 확인한 뒤(임차인의 신용도가 좋으면 임대인에게 동의 여부를 묻지 않기도 합니다.) ④ 대출금을 임대인 또는 임차인의 계좌에 송금해줍니다. 계약기간 동안 임차인은 은행에 이자를 납부하고 시간이 흘러 ⑤ 임대차계약이 종료되면, 임대인 또는 임차인이 은행에 대출금을 반환합니다(질권설정계약을 한 전세자금대출의 대부분은 임대인이 은행에 대출금을 반환하는 것을 원칙으로 합니다.).

　임차인의 신용도가 낮거나 해당 주택에 설정된 근저당권(담보대출)의 규모가 클 경우 대출이 어려울 수도 있습니다. 때문에 전세자금대출을 염두에 두고 임대차계약을 체결할 때에는 집주인의 동의를 얻는 것과 더불어 계약서 특약사항란에 "임대인은 임차인이 전세자금대출을 받는 것에 동의 및 협조한다. 또한 전세자금대출이 불가할 시 임차인은 계약을 해제할 수 있다."라는 문구를 삽입하는 것이 좋습니다. 그리고 이와는 별개로 계약체결 전에 미리 은행에 방문하여 해당 임차주택을 대상으로 한 전세자금대출이 가능한지를 문의해보는 것도 한 방법입니다.

버팀목전세자금대출과 일반전세자금대출

전세자금대출은 그 '기초자금의 성격'에 따라 다음의 두 종류로 구분됩니다.

하나 시중은행의 사적 자금으로 운용되는 '일반전세자금대출'(각 은행마다 상품 이름이 상이합니다.)

둘 국민주택채권 및 주택청약종합저축 등을 통해 거두어들인 '주택도시기금(공적자금)'을 기반으로 운용되는 '버팀목전세자금대출'

일반전세자금대출은 각 은행마다 대출조건, 대출가능여부 등이 상이하므로 이 책에서는 따로 다루지 않겠습니다. 지금부터 설명할 내용은 버팀목전세자금대출에 관한 것입니다(참고로 버팀목전세자금대출이 일반전세자금대출보다 이자가 더 저렴합니다.).

버팀목전세자금대출

버팀목전세자금대출은 "① 만 19세 이상 세대주(단독세대주* 제외)+무주택자+(부부합산) 연 소득이 5,000만 원 이하인 자(단, 신혼가구, 혁신도시 이전 공공기관종사자 또는 타 지역으로 이주하는 재개발 구역 내 세입자인 경우 6,000만 원 이하인 자)로서(대출 신청일을 기준으로 세대주를 포함한 세대원 전원이 무주택자여야 합니다.), ② 임차 전용면적 85m²(수도권을 제외한 도시지역이 아닌 읍 또는 면지역은 100m²) 이하의 주택(주거용 오피스텔 포함)에 임대차계약을 체결하고, ③ 임차보증금의 5% 이상을 지불한 자"를 대상으로 대출이 이루어집니다. 2년 만기 일시상환(4회 연장하여 최장 10년 가능, 기한 연장 시마다 최초 대출금의 10% 이상 상환 또는 상환불가 시 연 0.1% 금리 가산) 조건이며 중도상환 수수료는 없습니다. 대출금리는 다음의 표(연 2.3~2.9%)를 기초로 하되, 국가유공자 및 노인부양가구, 한부모가정 등에겐 0.2~1%p의 우대금리 혜택이 제공됩니다.

연소득(부부합산)	보증금		
	5,000만 원 이하	5,000만 원 초과 ~ 1억 원 이하	1억 원 초과
~ 2,000만 원 이하	연 2.3%	연 2.4%	연 2.5%
2,000만 원 초과 ~ 4,000만 원 이하	연 2.5%	연 2.6%	연 2.7%
4,000만 원 초과 ~ 6,000만 원 이하	연 2.7%	연 2.8%	연 2.9%

---

*   세대 구성원이 1명인 가구의 세대주를 말합니다.

또한 다음 표의 금액을 최대한도로 임대차계약서상 임차보증금의 70% 이내에서 대출이 가능합니다(대출한도는 신청인의 소득, 신용도, 부채규모 등에 따라 달라질 수 있습니다.).

구분	일반가구	다자녀가구
수도권(서울, 경기, 인천)	최대 1억 2,000천만 원	최대 1억 4,000만 원
그 외 지역	최대 8,000만 원	최대 1억 원

현재 6개 은행에서 취급하고 있습니다.

- 우리은행(https://www.wooribank.com)

- 국민은행(https://www.kbstar.com)

- 기업은행(http://www.ibk.co.kr)

- 농협은행(https://banking.nonghyup.com)

- 신한은행(http://www.shinhan.com)

- 하나은행(http://www.hanabank.com)

위 은행 중 한곳에 방문하여 상담 및 신청을 하면 됩니다. 이용 절차 및 준비서류는 다음과 같습니다.

- 확정일자부 임대차계약서

- 임차보증금의 5% 이상 납입한 영수증
- 주민등록등본(1개월 이내 발급분) & 필요 시 주민등록초본, 가족관계증명
  서 등(1개월 이내 발급 분)
- 대상주택 등기사항전부증명서
- 소득확인서류 : 원천징수영수증, 소득금액증명원 등
- 재직확인서류 : 건강보험자격득실확인서, 사업자등록증명원 등
- 기타 필요 시 요청 서류

이 밖에 버팀목전세자금대출에 관한 자세한 사항은 '주택도시기금' 홈페이지(http://nhuf.molit.go.kr)에 방문하면 쉽게 확인할 수 있습니다(이상의 내용은 2016년 7월을 기준으로 작성되었습니다.).

전입신고 전에도 확정일자를 받을 수 있다

종류를 막론하고, 전세자금대출을 받으려면 확정일자가 부여된 임대차계약서가 필요합니다. 흔히들 전입신고를 해야만 확정일자를 받을 수 있다고 알고 있는데, 실상은 그렇지 않습니다. 전입신고와 확정일자 선후에는 아무런 제한이 없습니다.[36]

무엇이든 물어보세요

Q 취업한 지 이제 막 3개월이 지난 20대 후반의 남성입니다. 부모님 집과 회사가 너무 멀어 독립을 생각하고 있습니다. 혹시 보증금을 위한 대출이 아닌, 월세를 위한 대출도 있나요?

A 네. '주택도시기금(공적자금)'을 기반으로 운용되는 '주거안정월세대출'이 있습니다. 취업 후 5년 이내의 사회초년생 등이 이용 가능하며, 매월 최대 30만 원씩 2년간 총 720만 원 한도로 대출이 가능합니다. 대출 금리는 연 1.5%(국토교통부 고시금리, 변동금리)이고 중도상환 수수료는 없습니다. 다만, 불법건물이나 고시원은 대출이 불가합니다. 현재 우리은행 (https://www.wooribank.com)에서 취급하고 있습니다. 자세한 사항은 주택도시기금 홈페이지(http://nhuf.molit.go.kr)를 통해서 확인할 수 있습니다. (이 내용은 2016년 7월을 기준으로 작성되었습니다.)

SECTION. 10

『주택임대차보호법』 아래 보증금을 지키는 방법

잉? 또 집주인이 바뀌었잖아. 아무리 시뮬레이션 이라지만 넘한다.

짠!

새 집주인

아이고~ 집주인 바뀌는 건 왜 이리 적응이 안 되냐. 계약기간도 안 지났는데 쫓겨나는 건 아니겠지?

뭘 그리 안절부절 하는 거야?

새주인이 나가라고 하면 어떻게 해.

무슨 소리야. 여기서 살고 있고 전입신고도 했고 계약기간도 남아 있는데, 왠 걱정?

뒤?

뒤를 봐봐.

넌 지금 주택임대차보호법 에 따라 대항력이 생긴 거라구.

대항력

대항력??

주택의 인도, 전입신고 이 두 가지만 갖추면 계약기간 중에 집주인이 바뀌어도 새집주인에게 네가 거주할 수 있다는 권리를 주장 할 수 있어.

그걸 대항력 이라고 해.

주택의 인도? 난 주택의 인도 같은 거 받은 적 없는데?

헐...

주택의 인도란

여기 열쇠~

F

1. 집주인에게 열쇠를 받거나

2. 임차주택에 거주 또는 이사집을 옮기면 끝.

물권 VS 채권

『민법』은 재산권(경제적 이익을 목적으로 하는 권리)을 물권(物權)과 채권(債權)으로 구분하고 있습니다. 물권이란 '특정한 물건을 직접 지배하여 배타적 이익을 얻는 권리'를 말하고, 채권이란 '특정인에게 일정한 행위를 청구할 수 있는 권리'를 말합니다. 그냥 쉽게 '사람이 물건에게 가지는 권리(사람→물건)는 물권'이고, '사람이 사람에게 가지는 권리(사람→사람)는 채권'이라 생각하면 크게 무리가 없습니다.

지금의 조금 느슨한 설명에 의하자면, 앞에서 우리가 등기사항전부증명서 을구를 통해서 살펴본 근저당권은 '법인(法人)인 은행이 물건인 주택에 가지는 권리'이니 물권입니다. 그리고 임차인이 집에서 살 권리, 다시 말해 '(전월세) 임차권'은 임차인이 임대인에게 보증금(또는 월세)을 내고 그 대가로 얻은 것이니(그러니까 나중에 계약이 끝나면 임차인이 집주인에게 보증금을 돌려 달라고 해야 하니) 다름 아닌 채권입니다.

물권끼리 만나 서로의 권리를 주장하는 다툼이 벌어지면, 그때는 먼저 성립된 물권이 후에 성립된 물권에 앞섭니다. 가령 두 개의 근저당권(물권)이 설정된 주택이 경매에 넘어가면, 등록날짜가 빠른 근저당권(물권)이 상대적으로 날짜가 느린 다른 근저당권에(물권) 앞서서 경락대금 내에서 배당금을 수령합니다. 또한 물권과 채권이 만나서 각자의 권리를 주장하게 되면, 그때에는 물권이 채권에 앞섭니다. 이런 '힘의 규칙'을 일컬어서 흔히 **물권의 우선적 효력**이라고 합니다.

만약 한 주택에 A은행이 근저당권(물권)을 2016년 1월 4일에 설정하고, 그 뒤 임차인B가 2016년 1월 8일에 임대차계약(채권)을 체결, 그리고 또 2016년 1월 15일에 C은행이 근저당권(물권)을 설정했다면, 이 주택이 경매에 넘어가게 될 경우 배당의 순서는 (직관적으로 떠오르는) A은행→임차인B→C은행이 아닌 ('물권의 우선적 효력'에 의해) A은행→C은행→임차인B가 됩니다. 현장에선 이런 상황을 두고 "채권이 물권에 의해 깨졌다."라고 표현을 합니다.

소유권 또한 물권입니다. 따라서 매매계약에 의해 소유권이 새 집주인에게 이전되면(이전 집주인→새 입주인), 임차인은 채권인 임대차계약이 깨져 새 집주인에게 '이전 집주인과의 임대차계약이 유효함'을 주장할 수가 없습니다. 꼼짝없이 집을 비워줘야만 하는 거지요(이런 경우 보증금은 '채무자'인 이전 집주인에게 받아야 합니다.).

『민법』은 이렇게 임차권(채권)이 매매 등의 물권에 의해 깨지는 현상(임차인의 피해)을 막기 위해 임대차등기 내지는 전세권등기(보통 보증금을 전세금으로 하여 전세권등기를 사용하는바, 이하 전세권등기라 통칭하겠습니다.)를 통해 임차권(채권)이 물권과 동등하게 맞서 싸울 수 있는 길을 열어두고 있습니다.[37]

즉 전세권등기가 된 임대차계약은 물권과 동일한 효력을 갖게 됩니다. 만일 앞서의 예에 등장한 임차인B가 임대차계약 체결과 동시에 '전세권등기'를 마쳤다면, 배당의 순서는 A은행 → C은행 → 임차인B가 아닌, A은행 → 임차인B → C은행이 됩니다.

A은행 근저당권	임차인B 임대차계약	C은행 근저당권
2016년 1월 4일	2016년 1월 8일	2016년 1월 15일

- 임차인B가 임대차계약만 체결했을 경우의 경락대금 배당 순서 : A은행→C은행→임차인B
- 임차인B가 임대차계약 체결과 함께 전세권등기를 했을 경우의 경락대금 배당 순서 : A은행 → 임차인B→C은행

전세권등기를 하려면 임대인(집주인)의 동의나 협조가 있어야 합니다. 그러나 대부분의 임대인이 "등기부가 더러워져서 싫다("담보대출 여력이 줄어들어서 싫다."는 말의 집주인식 표현입니다.)."며 이를 꺼리는 것이 현실입니다. 때문에 과거에 수많은 임차인이 보증금을 떼이거나 떼일 걱정에

시달려야만 했고, 이를 해소하고자 1981년에 국회가 "최소한 주거용 건물의 임차인들만큼은 '일정한 요건' 하에서 보호를 해주자!"라는 취지로 만든 것이 바로 그 유명한 『주택임대차보호법』입니다(상가건물임차인을 보호하기 위한 『상가건물 임대차보호법』은 『주택임대차보호법』을 모태로 하여 20년 뒤인 2001년에야 제정된 '늦둥이법률'입니다.).

대항력과 우선변제권

『주택임대차보호법』은 『민법』에 우선하는 특별법이며(이를 일컬어서 '특별법 우선의 원칙'이라고 합니다.) 동시에 강행규정(強行規定, 당사자의 의사와 관계없이 강제적으로 적용되는 규정)으로서 이 법률에 위반된 약정 중 임차인에게 불리한 것은 무효하지만 임대인에게 불리한 것은 유효합니다.[38]

앞에서 제가 임대차계약서 작성요령을 설명드릴 때 "어차피 『주택임대차보호법』이 2년의 임대차 기간을 보장해주니 임차인은 계약서에 계약기간을 1년으로 써넣는 것이 유리합니다."라고 설명을 한 까닭이 바로 여기에 있습니다.

해당 법률은 임차인이 '계약'을 하고 ① 주택의 인도(여기서 '주택의 인도'란 임차인이 임대인으로부터 열쇠를 넘겨받는다거나 임차주택에 거주 또는 이삿짐을 옮겨놓는 등의 '현실적 인도'를 말합니다.)와 ② 주민등록(전입신고를 하면 주민등록이 된 것으로 봅니다.)을 마친 때에는 그 다음날(오전 0시)[39]부터 제

3자(임차주택의 양수인 또는 그 밖에 임대할 권리를 승계한 자)에게 대항할 수 있는 효력, 즉 대항력이 생긴다고 규정을 하고 있습니다.[40]

쉽게 말해 임차인이 ① 주택의 인도와 ② 주민등록이라는 두 가지 요건을 모두 갖추면, 계약기간 중에 매매로 집주인이 바뀌더라도, 임차인은 그 새로운 집주인에게 자신의 임대차계약이 계속해서 유효함을 주장할 수가 있는 것입니다(새로운 집주인의 입장에서는 '기존 집주인과 임차인 간의 임대차계약'을 승계하는 것이 됩니다.).[41] 그리고 여기에 더해 ③ 확정일자까지 받으면 임차권(채권)이 (근저당권처럼) 물권화가 되어 임차주택이 경매(또는 공매)에 넘어갔을 때 그 확정일자(순위)에 기준하여 경락대금 내에서 보증금(배당금)을 지급받을 수도 있습니다.[42] 이런 권리를 일컬어서 흔히 "다른 채권들보다 우선하여 변제받을 권리가 생겼다(즉 물권화가 되었다.)."고 하여 우선변제권이라고 부릅니다.

임대차계약에 있어서 대항력(①＋②)과 우선변제권(③)은 별 다섯 개짜리 중요한 개념입니다. 따라서 보증금을 지키고 싶은 민달팽이라면, 이 두 개념을 반드시 머릿속에 새겨넣어 두어야 합니다.

지금까지 설명한 내용을 다시 한 번 정리해봅니다.

하나 매매에 의한 소유권 변동 등에 대항할 수 있는 임차인의 대항력은 ① 주택의 인도와 ② 전입신고를 한 다음날 오전 0시부터 그 효력이 발생한다(①＋②＝대항력).

둘 대항력을 갖춘 임차인(①＋②)이 ③ 확정일자를 받으면, 임차주택이 경매에 넘어갔을 때 그 확정일자를 기준으로 경락대금 내에서 보증금(배당금)을 지급받을 수 있다(①+②+③＝우선변제권).

셋 요컨대 ① 주택의 인도, ② 전입신고, ③ 확정일자의 요건을 모두 갖춘 임차인은 등기를 하지 않아도 『민법』상의 전세권등기를 한 것과 별반 다를 바 없는 효력을 갖게 된다.

대항력과 우선변제권의 관계

살펴보았듯이 확정일자에 의한 우선변제권의 효력은 대항력의 효력 발생을 전제로 합니다. 바꿔 말해 대항력이 없는 확정일자는 총알 없는 총처럼 아무런 힘을 발휘하지 못합니다(즉 우선변제권이 없습니다.). 만약 임차인A가 2016년 1월 4일에 확정일자를 받고 B은행이 같은 해 1월 8일에 근저당권을 설정, 그리고 그로부터 일주일 뒤인 1월 15일에 임차인 A가 전입신고(주민등록)를 했다면, 해당 주택이 경매에 넘어갔을 때 B은행은 임차인A보다 앞서서 (경락대금 내에서) 배당금을 지급받게 됩니다.

임차인A 확정일자	B은행 근저당권	임차인A 전입신고(주민등록)
2016년 1월 4일	2016년 1월 8일	2016년 1월 15일

- 경락대금 배당 순서 : B은행 → 임차인A

확정일자 받은 날에 근저당권이 설정된다면?

일반적으로 임차인은 전입신고와 확정일자 업무를 같은 날에 치릅니다(아무래도 동 주민센터 등에 걸음하여야 하니 한꺼번에 일을 치르는 게 편리하지요.). 이럴 경우 대항력의 효력은 다음날 오전 0시를 기준으로 생기기 때문에, 해당 임차권이 물권과 대등한 효력을 갖게 되기까지(우선변제권이 생기기까지) 하루의 공백이 발생을 합니다.

그러니까 혹시라도 은행의 근저당권과 임차인의 전입신고 및 확정일자가 같은 날에 이루어지면, 나중에 집이 경매에 넘어갔을 때 경락대금을 지급받는 배당의 순서가 은행이 임차인에게 앞서게 되니, 이점 부디 유념하시길 바랍니다.

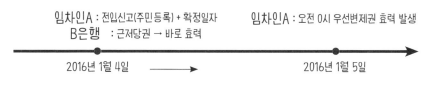

임차인A : 전입신고(주민등록) + 확정일자
B은행   : 근저당권 → 바로 효력   임차인A : 오전 0시 우선변제권 효력 발생

2016년 1럴 4일 ———→   2016년 1월 5일

- 경락대금 배당 순서 : B은행 →임차인 A

'그 전세'가 '이 전세'가 아니야?

이제 우리는 임대차계약을 세 종류로 구분할 수 있게 되었습니다.

하나 『민법』상 등기하지 않은 임대차. 즉 '채권'인 임대차(요건 : 임대차계약).

둘 『민법』상 등기된 임대차. 다시 말해 '물권'인 임대차(요건 : 임대차계약 + 전세권등기).

셋 『주택임대차보호법』에 의해 '물권적 효력을 인정받는' 임대차 (요건 : 임대차계약 + ① 주택의 인도 + ② 전입신고 + ③ 확정일자).

첫 번째 임대차, 즉 등기를 하지 않은 임대차는 법적으로 거의 보호를 받지 못하는 '무방비의 임대차'입니다. 그래서 임차인들은 두 번째와 세 번째의 임대차 중에서 자신에게 맞는 것을 선택하여 그 성립을 위한 행동을 취하게 됩니다. 그런데 재미있게도 생활에는 이 둘을 구분하는 용어가 딱히 없어서, 그리고 일반인들이 둘의 차이점을 잘 몰라서 개업공인중개사와 임대차 상담의뢰인들 사이에 수십 년째 다음의 대화가 반복되고 있습니다.

임대차 상담의뢰인 : "제가 지금 전세로 사는데요…"

개업공인중개사 : (말을 끊고) "잠시만요! 등기를 한 전세요? 하지 않

은 전세요?"

임대차 상담의뢰인 : "등기요? 등기는 안 했지요. 그런데 등기를 꼭 해야 하나요?"

개업공인중개사 : "아니요, 꼭 해야 하는 건 아니고요. 그럼 계약서에 확정일자는 받으셨어요?"

확정일자 임대차가 선호되는 이유

정보
수집
·
임장
활동

대부분의 임차인들은 『주택임대차보호법』에 의해 물권적 효력을 인정받는 세 번째의 임대차(이하 확정일자 임대차)를 더 선호합니다. 그것이 두 번째 임대차, 즉 전세권등기를 한 임대차(이하 등기 임대차)보다 절차도 간편하고 비용도 훨씬 더 적게 들기 때문입니다. 아래 내용은 확정일자 임대차와 등기 임대차에 관한 주요 비교사항입니다.

권리
분석
·

하나 확정일자 임대차는 집주인의 동의를 필요로 하지 않습니다. 그러나 등기 임대차는 집주인의 동의를 필요로 합니다.

거
주

둘 확정일자 임대차를 받기 위한 서류는 임대차계약서(반드시 원본이어야 합니다.)가 유일하지만, 등기 임대차는 이것 외에도 '집주인의' 인감증명서와 등기필증 등 다른 여러 가지의 서류들이 더 필요합니다.

퇴
거

셋 확정일자 임대차는 600원의 수수료만 들이면 되는데 반해, 등기

임대차는 보증금의 0.2%인 등록세와 그 등록세의 20%인 지방교육세, 그리고 1만 5,000원의 등기신청 수수료를 납부해야 합니다. 만약 전세보증금 1억 원을 위한 전세권설정등기를 한다면, 확정일자 수수료의 425배인 25만 5,000원을 비용으로 치러야 합니다. 또한 '셀프 등기'가 아닌 법무사의 등기서비스를 이용해 등기를 할 경우 그에 따른 보수도 추가로 부담해야 합니다.

넷 임차주택이 경매에 넘어갈 경우 확정일자 임대차는 임차건물은 물론이거니와 그 토지의 환가대금(경락대금) 내에서도 보증금을 배당받을 수 있는 반면, 등기 임대차는 등기를 한 건물 또는 토지에 한해서만 보증금을 지급받게 됩니다. 다시 말해 등기 임대차로 확정일자 임대차와 같은 '포괄적 배당효력'을 얻으려면 건물과 토지 모두에 전세권등기를 설정해야 합니다.

등기 임대차를 하는 임차인들

이와 같은 차이에도 불구하고 확정일자 임대차가 아닌 등기 임대차를 이용하는 임차인들이 간혹 있습니다. 보통 다음의 두 가지 이유에서입니다.

하나 임차인이 『주택임대차보호법』 상의 보호대상자가 아니기 때문입니다. 『주택임대차보호법』은 ① 대한민국 국적을 가진 자연인[43]과 ② 전입신고에 준하는 체류지 변경신고를 한 외국인[44], ③ 지방 출입국·외국인관서의 장에게 거소를 신고한 재외동포[*45], ④ 직원의 주거용으로 주택을 임차한 중소기업[46], ⑤ 국민주택기금을 재원으로 하여 저소득층 무주택자에게 주거생활 안정을 목적으로 전세임대 주택을 지원하는 법인[47]만을 보호대상으로 합니다. 이에 해당하지 않는 영주권자나 대기업, 비영리재단법인 등은 전세권 등기를 활용할 밖에는 다른 방도가 없습니다.

둘 전입신고를 하지 않는 조건으로 임대차계약을 체결했기 때문입니다. 이런 '이상한 조건'은 유독 오피스텔 임대차계약에 따라 붙습니다. 임대인 또는 개업공인중개사가 임차인에게 "전입신고는 절대로 안 된다."며 여러 이유를 드는데, 그 이유라는 것이 사실 임차인의 입장에선 어찌 들어도 마땅찮을 수밖에 없는 내용입니다. 그중 대표격인 '부가가치세 문제'에 대해 간략히 살펴보도록 하겠습니다. 오피스텔 소유주는 오피스텔을 분양받을 때 건물분의 10%에 해당하는 부가가치세를 납부하게 됩니다(부가가치세가 발생한다는 것은 오피스텔의 본래 용도가 업무용시설이라는 뜻입니다.). 이때 소

---

*   재외동포란 다음 사항 중 하나에 해당하는 사람을 말합니다. 하나, 대한민국 국민으로서 외국의 영주권을 취득한 사람. 둘, 대한민국 국적을 보유했었던 사람(대한민국정부 수립 전에 국외로 이주한 동포 포함)으로서 외국국적을 취득한 사람. 셋, 부모의 일방 또는 조부모의 일방이 대한민국 국적을 보유했었던 사람으로서 외국국적을 취득한 사람.

유주가 일반과세자로 사업자등록을 하고 부가가치세 환급 신고를 하게 되면 분양 받을 당시에 납부했던 부가가치세를 환급받을 수가 있습니다. 물론 후에 오피스텔을 업무용에서 주거용으로 전용해 사용을 하게 되면 환급받았던 부가가치세는 다시 반납을 해야 합니다.

그러니까 업무용시설임을 이유로 이미 오피스텔의 부가가치세를 환급받은 소유주가 그 용도를 주거용으로 바꿔 새로 세를 놓으면서 부가가치세를 도로 반납하지 않으려고 일종의 꼼수를 부려 "전입신고는 절대로 안 된다."는 조건을 내거는 겁니다.

이런 경우 민달팽이는 당연히 계약을 망설일 수밖에 없습니다. 이때 개업공인중개사가 나름의 솔루션을 제공합니다. 그 솔루션이라는 것이 다름 아닌 전세권등기입니다(이 밖에도 "사업자등록을 하면 『상가건물 임대차보호법』에 의해 보증금을 보호받을 수 있다."며 사업자 등록을 권유하기도 합니다.). 그리고 여기에 임대인이 한 수 더합니다. "대신에 보증금(또는 월세)을 조금 깎아드릴게요."라고요. 그러면 대체로 등기 임대차계약이 체결됩니다.

『주택임대차보호법』의 적용범위 등

앞서 확정일자 임대차가 아닌 등기 임대차를 이용하는 임차인들을 설명하며 어떤 사람들이 『주택임대차보호법』의 보호대상인지 함께 살펴보았습니다. 이제는 『주택임대차보호법』의 적용범위 등에 대하여 살펴볼 차례입니다. 아래 일곱 가지는 그에 관한 사항입니다.

하나 『주택임대차보호법』은 주거용 건물을 포함, 그 대지에도 적용이 됩니다. 그래서 앞에서 "집이 경매에 넘어갔을 때 임차건물은 물론이거니와 그 토지의 환가대금 내에서도 보증금을 배당받을 수 있다."고 설명했습니다.

둘 『주택임대차보호법』은 주거용 건물의 전부 또는 일부의 임대차에 적용됩니다. 즉 사무용, 공장용, 창고용, 점포용 등의 건물에 대해서는 적용이 되지 않습니다.[48]

셋 주거용 건물의 일부가 주거 외의 목적으로 사용되는 경우에도 『주택임대차보호법』이 적용됩니다.[49] 그러나 비주거용 건물의 일부를 주거 목적으로 사용하는 경우에는 적용이 되지 않습니다.[50]

넷 주거용 건물에 해당하는지의 여부는 임대차 목적물의 등기부(등기사항전부증명서) 상의 표시만을 기준으로 하지 않고 그 실제의 용도에 따릅니다.[51]

다섯 주거용 건물 여부의 판단시기는 임대차계약을 체결하는 때를 기준으로 합니다.[52]

여섯 주거가 목적이라면 무허가 건물이나 미등기 건물이라도 『주택임대차보호법』의 적용을 받습니다. 다만, 무허가 건물이 철거되는

경우에는 보증금을 돌려받기가 어려우므로 주의하도록 합니다.[53]

일곱 일시적으로 사용하기 위한 임대차임이 명확한 경우(가령 여관)에는 『주택임대차보호법』이 적용되지 않습니다.[54]

주민등록, 확정일자, 대항력, 우선변제권, 전세권등기 등등. 지금까지 꽤 많은 개념을 다루었습니다. 그러나 복잡하게 여기실 건 없습니다. 어차피 보통의 임차인은 『주택임대차보호법』의 보호대상(대한민국 국민)임과 동시에 그 적용범위 내의 건물(주거용 건물)을 임차합니다. 그러므로 보통의 임차임인 당신은 다음의 하나만 신경쓰면 되는 겁니다.

바로 **우선변제권의 취득!**

무엇이든 물어보세요

Q 최근 제 명의로 한 빌라에 임대차계약을 체결했습니다. 그런데 사정이 생겨 아내와 아이들만 우선 전입신고를 마친 상태입니다. 이런 경우에도 대항력을 가질 수 있나요?

A '대항력의 요건은 임대차계약을 체결한 본인뿐만이 아닌 공동생활을 영위하는 가족 전원에게 미치기 때문'에 대항력을 인정받을 수 있습니다.[55]

Q 확정일자를 받는 임대차계약서는 반드시 원본이어야만 하나요? '원본대조필한 사본' 등에 확정일자를 받을 수는 없나요?

A 『사문서의 일자확정 업무처리에 관한 예규』제4조 제1항에는 "일자확정을 구하는 사문서는 문서작성인의 서명 또는 기명날인이 있는 문서의 원본이어야 한다."고 쓰여 있습니다. 이것은 임대차계약서의 위변조 가능성을 차단하기 위한 장치입니다. 따라서 임대차계약서 사본에는 확정일자를 부여받을 수 없습니다.[56]

Q 회사 일이 바빠 주민센터에 갈 시간이 도무지 나질 않습니다. 동네 친한 언니가 저 대신에 확정일자를 받아주겠다고 하는데, 그래도 되나요?

A 임대차계약의 당사자가 아니라도 임대차계약서가 원본이기만 하다면 누구나 확정일자를 부여받을 수 있습니다. 또한 『확정일자 업무편람』에 의거, 담당 공무원이 신청인의 인적사항을 확인하게 되어있으니 언니에게 꼭 "신분증을 지참하시라."고 말해주세요.[57]

Q 『주택임대차보호법』 규정을 위반하는 계약은 모두 무효인가요?

A 아닙니다. 임대차계약서상에 『주택임대차보호법』 규정을 위반한 내용

이 있더라도 임차인에게 불리하지 않은 내용은 유효합니다.[58]

Q 무허가건물도 『주택임대차보호법』이 적용되나요?

A 『주택임대차보호법』 제2조는 해당 법률의 적용범위에 대하여 "이 법은 주거용 건물의 전부 또는 일부의 임대차에 관하여 적용한다."[59]라고만 규정하고 있을 뿐, 임차주택이 관할관청의 허가를 받은 건물인지, 등기를 마친 건물인지 아닌지는 구별하고 있지 않습니다. 따라서 무허가건물에도 『주택임대차보호법』이 적용됩니다.[60]

Q 확정일자 도장이 찍힌 임대차 계약서를 분실했습니다. 우선변제권을 상실한 것인가요?

A 그렇지 않습니다. 질문자께 확정일자를 부여한 기관(동주민센터 등)에 발급 내역이 남아 있으니, 그것으로 우선변제권을 주장하시면 됩니다.[61]

전월세 보증금을
지켜주는 보험

아무리 법이 지켜준대도 주인이 돈 없다고 배째라면 골치 아프잖아. 보증금을 지킬 수 있는 좀더 확실한 방법은 없을까?

있지..

전월세 보증금반환보증보험에 가입하면 돼!

전월세 보증금 반환 보증보험

전월세보증금반환보증보험? 그거 가입하면 집주인하고 싸우지 않고 보증금 받을 수 있는 거야?

그으럼~ 만약 살고 있던 집이 공매 또는 경매에 넘어갔는데...

뺑
뺑

배당금액이 보증금에 미치지 않거나...

보증금의 70%
임차인

저기 제 보증금은 더 많은데..

임대차계약이 끝난 뒤에도 집주인이 보증금을 주지 않을 때...

임차인

지금 사정이 안 좋아.. 형편이 나아지면 나중에 줄게요.

임차인이 손해본 금액을 보상해주지.

임차인

주택도시보증공사와 SGI 서울신용보증에서 취급한 다우~

주택도시 보증공사

SGI 서울신용보증

전월세보증금을 보다 더 확실하게 지키고 싶다면, 즉 『주택임대차보호법』에 의한 우선변제권의 취득만으로는 안심을 할 수가 없다면, 보증금의 반환을 아예 보험사가 책임져주는 이른바 **전월세보증금반환보증보험**에 가입할 것을 추천합니다.

전월세보증금반환보증보험은 임대차 기간 중에 임차주택이 경매 또는 공매에 넘어가 배당이 이루어졌지만 그 배당금액이 보증금에 미치지 못하거나 임대차계약이 해지·완료된 후에도 집주인이 보증금을 돌려주지 않을 때, 임차인이 손해를 본 해당 금액을 보상해주는 보험입니다. 현재 주택도시보증공사와 SGI서울보증에서 취급하고 있습니다. 전자가 취급하는 상품은 전세금반환보증보험이라고 불리고 후자가 취급하는 상품은 전세금보장신용보험이라고 불립니다.

두 상품 모두 1년 이상의 임대차계약이어야 가입이 가능합니다. 또한 임차주택의 등기사항전부증명서에 압류, 가압류, 가처분, 가등기 등 임대인의 소유권 행사를 제한하는 사항이 확인되는 경우에는 가입이 불가합니다(앞서 저는 "이것들이 확인되는 주택은 계약을 피하라"고 말씀드린 바 있습니다.). 두 상품 모두 개업공인중개사에 의해 임대차계약서가 작성되어야 하고, 임차인이 '우선변제권을 취득(① 주택의 인도+② 주민등록+③ 확정일자)할 것'을 가입조건으로 두고 있습니다.

전세금반환보증보험은 수도권지역(서울, 경기, 인천)의 경우에는 임차보증금이 4억 원 이하, 그 외의 지역은 3억 원 이하인 임대차계약만을 보증해주지만, 전세금보장신용보험은 임대차계약의 보증금액에 대한 한계조건이 설정되어있지 않습니다.

각 보험의 기본보험요율은 다음의 표3과 같습니다.

표3. 기본보험요율

전세금반환보증보험	전세금보장신용보험
아파트 : 연 0.150% 기타 주택 : 연 0.150%	아파트 : 연 0.192% 기타 주택 : 연 0.218%

가령 임차인A가 보증금액을 1억 원, 임차기간을 2년으로 해서 어떤 아파트에 전세계약을 체결하고 전세금반환보증보험에 가입한다면, 기본보험료는 30만 원(1억 원×0.150%×2년)이 구해집니다. 그리고 여기에 더해 보험가입 당시의 선순위 근저당권과 임차보증금 등을 더한 '집에 얽힌 부채 총액'이 KB시세정보(http://nland.kbstar.com) 등을 통한 '추정집값'에 현저하게 미치지 못하는 '저위험계약'이라면, 이 기본보

험료에서 10~30%의 할인율이 적용됩니다(표4 참조).

표4. 보험료 할인

전세금반환보증보험	전세금보장신용보험
LTV 80~70% : 10% LTV 70~60% : 20% LTV 60% 이하 : 30%	LTV 60% 이하 : 20% LTV 50% 이하 : 30%

* LTV=(선순위 채권설정최고액 + 임차보증금 전액) / 추정집값 X 100

그러니까 임차인A가 임차한 아파트의 추정가격이 2억 원이고, 근저당권 등 이른바 선순위 채권이 전혀 확인되질 않는다면, LTV가 60% 이하인 50%로 인정을 받아 기본보험료 30만 원에서 30%를 할인받은 21만 원의 보험료만 내면 되는 겁니다.

한편 전세금반환보증보험은 다음의 사항 중 하나 이상에 해당하는 개인에겐 40%의 할인율을 적용해주고 있습니다(금방 살펴본 LTV 할인과 중복 적용은 되지 않습니다.).

- 신청인의(배우자 포함) 연소득이 4천만 원 이하인 자
- 신청인의 만 19세 미만 자녀가 3인 이상인 다자녀가구
- 신청인 또는 배우자, 신청인(배우자 포함)의 직계존비속인 세대원 중 1인 이상이 장애인증명서 발급대상자인 가구
- 신청인 또는 배우자, 신청인(배우자 포함)의 직계존속인 세대원 중 1인 이상

이 만 65세 이상인 고령자가구 또는 노인부양가구(단, 노인부양가구의 경우 신청일 기준 1년 이상의 기간 동안 만 65세 이상인 고령자와 동일한 세대를 구성하고 있는 가구에 한함)

- 신청인과 그의 현재 배우자의 혼인기간이 5년 이내인 신혼부부(2개월 이내 결혼 예정자 포함)인 경우
- 신청인이 『한부모가족지원법』에 따라 지원되는 한부모가족인 경우
- 『다문화가족지원법』 제2조제1호에 따라 신청인의 배우자가 외국인이거나 귀화로 인한 국적취득자 또는 배우자가 있는 신청인이 귀화로 인한 국적취득자인 가구

이 밖의 자세한 사항은 주택도시보증공사 홈페이지(www.khug.or.k)와 SGI서울보증 홈페이지(https://www.sgic.co.kr)를 통해 확인할 수 있습니다. (지금까지 설명한 내용은 2016년 7월을 기준으로 작성되었습니다.)

정보
수집
·
임장
활동

권리
분석
·
계약

거
주

퇴
거

SECTION. 12

계약금 및 잔금
똑똑하게 치르기

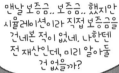

보증금은 계약금→잔금 순으로 두 번에 나누어 치를 수도 있고 계약금→
중도금(1, 2, 3, …)→잔금 순으로 세 번 이상에 걸쳐 치를 수도 있습니다.
전자는 보증금액이 얼마 되지 않을 때, 후자는 보증금액이 상당할 때 사
용되는 방식입니다.

　　보증금의 지급방식과 지급일, 계약금, 중도금, 잔금 간의 금액비율은
임대인과 임차인이 협의하여 결정합니다. 참고로 계약과 함께 보증금의
10%에 해당하는 금액을 계약금으로 건네는 것이 부동산시장의 오랜
관행입니다.

　　한편 임대차 기간 중 임차인의 최대 과업은 '보증금을 날리지 않고
안전하게 보호하는 것'인 만큼, 보증금이 임대인에게 건너가는 각각의
모든 거래 내역은 확실하게 기록해둘 필요가 있습니다.

따라서 보증금은 현금보다는 계좌이체*를 통해서 전달하는 것이 좋습니다.

계약금 = 해약금

계약금은 계약체결을 증거하는 '증약금'으로서의 의미를 갖습니다. 또한 당사자끼리의 특별한 약정이 없는 한, 임차인은 계약금을 포기하고 임대인은 그 두 배의 금액을 상환함으로써 계약을 해제할 수 있는 '해약금'의 의미도 갖습니다.[62]

『민법』은 해약금을 다음의 말로 규정하고 있습니다.

---

*   사실 '보증금을 쪼개어 임대인에게 직접 전한다는 것'은 매우 위험한 행위가 아닐 수 없습니다. 만약 임대인이 수십 명의 임차인과 '중복임대차계약'을 체결하고, 중도금까지만 챙겨 도주를 하면 어떻게 될까요? 그렇습니다. 심심하면 한 번씩 터져나오는 가장 전형적인 부동산사기 사례의 유형입니다.

미국 등 이른바 선진국은 이를 방지하기 위한 방편으로 부동산거래를 할 때에는 반드시 에스크로우(escrow)라는 서비스를 이용하고 있습니다. 에스크로우란 중립적 위치의 제3자가 돈을 맡아두었다가 당사자가 계약의 조건을 충실히 이해하면, 그제야 맡아둔 돈을 임대인 등에게 전달해주는 일종의 금전예치 서비스입니다.

한국엔 2000년대 초반에 국민은행 등 여러 금융사들이 부동산 에스크로우 서비스를 의욕적으로 펼쳤으나 사람들의 인식부족 등으로 현재는 그 서비스가 모두 중단된 상태입니다. 다만 아직 몇몇 금융사는 전자상거래를 위한 에스크로우 서비스를 제공하고 있기 때문에, 아마도 인터넷 쇼핑을 해본 독자라면 이에 대한 이해가 빠를 것입니다. 한국의 부동산 에스크로우 서비스가 부활하기를 기대해봅니다.

"당사자 일방이 계약 당시의 금전 기타 물건을 계약금, 보증금 등의 명목으로 상대방에게 교부한 때에는 당사자 간에 다른 약정이 없는 한 <u>당사자의 일방이 이행에 착수할 때까지</u> 교부자는 이를 포기하고 수령자는 그 배액을 상환하여 매매계약을 해제할 수 있다."[63]

밑줄 친 글에 주목해주세요. 이 조문에 의하자면 계약금을 포기, 또는 배액을 상환하여 계약을 해제할 수 있는 이른바 '해제권'을 행사할 수 있는 기간은 "당사자 일방이 이행에 착수할 때까지"입니다. 그럼 여기서의 이행이란 대체 무얼 뜻하는 걸까요? 일반적으론 임차인의 '중도금(중도금이 없을 때에는 잔금) 지급'입니다(이에 대해선 113쪽 각주를 참조해주세요.). 하여 임차인은 계약금과 중도금 지급 사이의 기간을 최대한 길게 두는 것이 좋습니다. 돈을 마련할 시간을 여유 있게 갖는 것이지요.

그럼 임차인이 잔금지급일까지 중도금을 지급하지 않으면, 임대인은 이를 까닭으로 바로 다음날에 계약을 해제할 수가 있는 걸까요? 그렇지는 않습니다. 임대인이 임차인에게 상당한 기간을 정하여 중도금을 지급할 것을 독촉하고(현장에서는 대개 1주 내지 2주의 기간을 상당한 기간으로 봅니다.) 그 기간마저 경과하였다면, 그때서야 계약을 해제할 수가 있습니다.[64]

그렇다면 이런 경우는 어떨까요? 계약서에 계약금을 보증금의 10% 금액으로 기재하고, 실제의 계약금은 그 일부만 지급한 상태에서 계약을 해제하면, 과연 10%의 금액이 해약금이 될까요? 아니면 실제로 지급한 일부의 금액만 해약금이 될까요? '계약서에 적힌 금액이 해약금이 된다'는 것이 법원의 판단입니다.[65]

이점 유념해두시길 바랍니다.

가계약금은 계약금인가? 아닌가?

한편 현장에선 가끔 '가계약'이라는 용어가 등장하기도 합니다. 다른 임차인이 집을 계약하기 전에 미리 임대인의 통장으로 얼마간의 돈을 송금하여 세칭 '찜'을 해놓는 걸 일컫습니다. 그런데 현재 『민법』에는 가계약이라는 개념이 존재하지 않기 때문에, 이것을 계약금으로 볼 것인지 아닌지에 대한 실무자끼리의 의견이 분분합니다.

그러나 과거 가계약금을 줄 때에 정식 계약의 잔금날짜나 특약 등에 대한 내용을 구체적으로 말한 적이 없고, 또 "본 계약이 이행이 안 되더라도 가계약금은 돌려주지 않는다."는 등의 합의사항도 없는 상태에서 단지 집을 찜할 목적으로만 가계약금을 지급하였다면, 그 가계약금은 그냥 돌려주라는 내용의 법원판결이 있었습니다.[66]

그러니 정식 계약에 관한 구체적 합의가 어디까지 이루어졌느냐에 따라서, 가계약금이 계약금인지 아닌지의 여부가 결정된다고 할 수 있겠습니다. 이점 또한 유념해두길 바랍니다.

Q 임대차계약서만 작성했을 뿐 아직 계약금은 치르지 않은 임차인입니다. 만약 제가 계약을 취소하려면, 약속된 계약금을 해약금조로 임대인에게 지급해야 하나요?

A 계약금의 지급여부와 상관없이 이미 임대차계약은 성립한 상태입니다. 따라서 질문자께서 계약을 취소하려면 임대인에게 해약금(약속된 계약금)을 지급해야 합니다.[67]

Q 임대차계약서 작성 후 24시간 이내에는 계약을 무효로 할 수 있다는 말을 들었습니다. 사실인가요?

A 잘못된 상식입니다.

CHAPTER.03
#입주와 거주
#임차인과 임대인

SECTION. 13

월세에 관한
몇 가지 조언

임차인의 차임지급 의무

임차인에겐 임차주택을 사용하는 대가로서 임대인에게 차임을 지급해줄, 이른바 '차임지급의 의무'가 있습니다.[1] 임차인과 임대인 사이에 지급일에 관한 약정이 없는 경우에는 매월 말일이 차임지급일이 됩니다.[2]

차임연체에 의한 계약해지

『민법』 제640조에 의하자면 임대인은 임차인이 차임을 2회 이상 연체할 경우 '남아있는 계약기간과 상관없이' 임대차계약을 해지할 수 있습니다.[3] 여기서 '2회의 차임연체'란 2달이 아닌 약정된 지급일을 기준으로 한 총 2회분의 차임연체를 말합니다. 예를 들어 차임을 1년에 한

번, 600만 원씩 지급하기로 한 임대차계약이라면, 2년 분의 차임 액인 총 1,200만 원이 연체되어야지만 (임대인이) 임대차계약을 해지할 수가 있습니다.

연체액은 총 2회분의 차임 액에만 달하면 그만일 뿐, 그 2회의 연체가 꼭 연속되어야 하는 건 아닙니다. 가령 월세 계약의 경우 5월에 한 번 차임을 연체하고, 6월에는 해당 분을 지급한 뒤, 다시 7월에 월세를 내지 못했다면, 총 2회분(2개월)의 차임을 연체한 것이 되어 임대차계약이 해지될 수 있습니다.

또한 (2회 이상) 차임연체에 의한 계약해지 시에는 앞서 살펴본 '계약금의 배액을 상환하여 계약을 해제하는 경우'와는 다르게 임차인에게 시간을 조금 더 주어 독촉하지 않아도 곧장 해지가 가능합니다.[4] 그리고 '보증금이 있으니 보증금에서 차임(월세)을 까면 되는 것 아니냐'는 식의 대응(논리)을 펼친다고 하여, 채무 불이행의 책임에서 벗어날 수 있는 것은 아닙니다.[5] 요컨대 보증금의 잔존 여부와 상관없이 차임이 2회 이상 연체되면 임대인은 임대차계약을 즉시 해지할 수가 있는 것입니다.

한편 『민법』 제640조에 근거하여 차임과 관련, 임차인에게 불리한 내용은 그 효력이 발생하질 않습니다.[6] 예를 들어 "임대인은 임차인이 차임을 1회 연체 시에 계약을 해지할 수 있다."라거나 "2회 이상의 차임 연체 시에는 임대인의 해지의사가 없어도 자동으로 계약이 종료된다."는 등의 사항을 계약서 특약사항란에 아무리 적어넣어도, 이런 문구는 해당 규정(『민법』 제640조)를 넘어서 임차인의 위치를 불리하게 만드는 약정이기 때문에 임차인은 해당 내용을 지키지 않아도 됩니다.

차임증감청구권

『주택임대차보호법』 제7조 규정에 의하면, 당사자(임대인, 임차인)는 '계약기간 중' 임차주택에 대한 세금 및 공과금, 그 밖의 경제적 사정 등을 이유로 차임의 증감을 청구할 수 있습니다. 차임증액은 5% 이내에서만 가능하며, 그 청구권은 '계약 또는 약정한 차임의 증액이 있은 후로부터 1년 이내'에는 행사할 수가 없습니다.[7] 그러나 차임감액청구권은 수시로 행사할 수 있으며 감액수준에는 한계가 설정되어있지 않습니다.

이상의 내용에 기초하여 계약 1년 후에 임대인이 불쑥 찾아와 "월세를 좀 올려받아야겠다."고 주문하기도 합니다. 그러나 차임증감청구권은 현재 법원 판례에 의해 거의 사문화되었기 때문에, 임대인의 일방적인 차임증액요구에는 응하지 않으셔도 됩니다. 다음은 법원이 제시하는 '지독하리만큼 깐깐한' 차임증감청구권의 필요요건입니다.[8]

하나 계약 당시에 기초가 되었던 사정이 현저하게 변경되었을 것.
둘 그 사정변경을 당사자들이 예견하지 않았고 예견할 수도 없었을 것.

셋 그 사정변경이 당사자들에게 책임 없는 이유로 발생했을 것.

넷 당초의 계약 내용에 당사자를 구속시키는 것이 신의성실의 원칙(서로 상대방의 신뢰를 배반하지 않도록 성의를 가지고 행동해야 한다는 원칙)에 현저히 부당할 것.

다섯 이상 네 가지의 요건이 충족된 경우로서, 주변 차임 시세의 증감 정도가 상당한 수준(법원은 당초 약정금액의 20% 이상이 증감하는 경우를 예로 듭니다.)에 달하고 나머지 임대차계약기간이 적어도 6개월 이상은 될 것.

월세전환율 상한

계약기간 중에 어떤 이유에서든지 전세 보증금의 전부 또는 일부를 월세로 돌리는 경우가 발생할 수 있습니다. 그럴 때에는 연 10%와 한국은행에서 공시한 기준금리에 3.5%를 더한 비율 중에서 낮은 비율이 '월세전

환율의 상한선'이 됩니다.[*][9]

현재(2017년 1월) 한국은행의 기준금리는 연 1.25%입니다. 연 1.25%에 3.5%를 더하면 연 4.75%. 즉 지금의 월세전환율 상한선은 연 4.75%입니다. 만약 전세보증금 2억 원에 세를 들어 살던 임차인A가 개인사업을 위해 보증금 중 1억 원을 돌려받기로 하고 그 보증금의 빈자리를 월세로 채우기로 임대인과 합의를 보았다면 다음의 식에 따라 임차인A가 납부해야 할 월세상한액은 39만 5,833원으로 구해집니다.

$$1억 \; 원 \; X \; 4.75\% \, / \, 12개월 = 39만 \; 5,833원$$

임대인은 임차인A에게 월세상한액인 39만 5,833원을 초과하는 금액을 월세로 청구할 수 없고, 만약 어찌하여 그보다 더 많이 받는다 하더라도 후에 임차인A가 초과분의 반환을 청구하면 꼭 그에 응해야만 합니다.[10]

<hr/>

*   이 내용은『주택임대차보호법』상 다음의 조문을 풀어 적은 것입니다.
제7조의2(월차임 전환 시 산정률의 제한) 보증금의 전부 또는 일부를 월 단위의 차임으로 전환하는 경우에는 그 전환되는 금액에 다음 각 호 중 낮은 비율을 곱한 월차임(月借賃)의 범위를 초과할 수 없다.
1.「은행법」에 따른 은행에서 적용하는 대출금리와 해당 지역의 경제 여건 등을 고려하여 대통령령으로 정하는 비율
2. 한국은행에서 공시한 기준금리에 대통령령으로 정하는 이율을 더한 비율

월세소득공제

연 소득 7,000만 원 이하인 근로자로서(근로소득 외에 다른 소득이 있어 종합소득금액이 6천만 원을 초과하는 사람은 제외됩니다.) 전용면적 85m² 이하 (수도권이 아닌 읍 또는 면 지역은 100m² 이하)의 주택에 월세로 사는 '전입신고가 되어있는 임차인'은 연말정산 시에 월세의 10%(최대 연 750만 원)를 세액공제 받을 수 있습니다.[11] 월세가 50만 원이라면 '50만 원(월세)×12개월=600만 원'이므로 600만 원의 10%인 60만 원, 다시 말해 한 달치의 월세를 공제받을 수가 있습니다.

집주인의 동의가 없어도 '임대차계약서'와 '월세납입증명서' 등의 간단한 서류만 있으면 세액공제 신청을 할 수가 있습니다. 그러나 세입자가 월세 세액공제를 신청하면 자동으로 집주인의 임대소득이 세무당국에 노출되기 때문에, 보통의 집주인은 임차인이 세액공제 받는 것을 그리 달가워하지 않습니다. 혹여 집주인과의 마찰이 걱정된다면, 5년의 경정청구(세금을 더 냈을 경우에 돌려달라고 요구하는 것) 기간을 활용하는 것도 한 방법입니다. 다른 집으로 이사를 간 후에 신청을 하는 것이지요.

Q 낡은 다가구주택에 월세로 살고 있는 임차인입니다. 임대차계약 만료 두 달 전에 임대인이 '월세를 50% 인상할 수 없다면 재계약도 없다'는 입장을 통보해왔습니다.『주택임대차보호법』에 의거, 임대인의 차임증액청구권은 5% 이내에서만 행사될 수 있다고 알고 있는데, 제가 잘못 알고 있는 건가요?

A 『주택임대차보호법』에 의하면, 당사자는 임차주택에 대한 세금 및 공과금, 그 밖의 경제적 사정 등을 이유로 차임의 증감을 청구할 수 있습니다. 단, 차임증액은 5% 이내에서만 가능하며 그 청구권은 '계약 또는 약정한 차임의 증액이 있은 후로부터 1년 이내'에는 행사할 수 없습니다.[12] 그러나 이것은 임대차계약이 존속되는 중에 적용되는 규정입니다.[13] 그러므로 기존 계약을 끝내고 새로이 재계약을 체결하는 질문자께는 해당사항이 없습니다.

Q 보증금을 3,000만 원 증액하는 조건으로 전세계약을 2년 더 연장하기로 임대인과 합의를 보았습니다. 임대인이 인상된 보증금에 대해서 영수증을 써준다고 하는데, 이전 계약서와 영수증만 보관하고 있으면 되는 건가요?

A 영수증만 가지고는 인상된 보증금에 대한 대항력과 우선변제권을 취득할 수 없습니다. 영수증은 하나의 증표이지 계약원인증서가 아닙니다. 증액된 보증금 3,000만 원에 대해 대항력과 우선변제권을 취득하기 위해서는 반드시 보증금 증액분에 대한 계약서를 작성하여 동 주민센터 등에서 확정일자를 부여받아야 합니다(자세한 사항은 209~211쪽 참조).

Q 보증금 3억 원에 전세 살고 있는 임차인입니다. 거주한 지 이제 1년이 조금 넘었습니다. 며칠 전 임대인이 '보증금을 조금 더 올려 받아야겠다'는 뜻을 전해왔습니다. 임대인 왈 "주택임대차보호법에 의하면 계약 후 1년이 지나면 임

대인이 보증금을 5%까지 인상할 수 있다"는데, 그 말이 사실인가요?

A 『주택임대차보호법』 제7조에는 "당사자는 약정한 차임이나 보증금이 임차주택에 관한 조세, 공과금, 그 밖의 부담의 증감이나 경제사정의 변동으로 인하여 적절하지 아니하게 된 때에는 장래에 대하여 그 증감을 할 수 있다."고 쓰여 있습니다. 그러나 과거 법원은 이 조항에 의한 '차임증감청구권'을 행사하기 위해선 ① 계약 당시에 기초가 되었던 사정이 현저하게 변경되어야 하고, ② 그 사정 변경을 당사자들이 예견하지 않았었고 예견할 수도 없었으며, ③ 그 사정 변경이 당사자들에게 책임 없는 이유로 발생했어야 한다는 등의 여러 까다로운 조건을 충족해야 한다고 판결을 내린 바 있습니다.[14]

해당 판례에 의거, 현재 현장에선 『주택임대차보호법』 제7조가 거의 사문화되었다고 평가되고 있습니다. 그러니 질문자께선 임대인의 요구에 응하지 않으셔도 됩니다(자세한 사항은 181~182쪽 참조).

SECTION. 14

임차인의
권리와 의무

생각해보면 임차인은 맨날 보증금에 월세 걱정만 하는 거 같아. 불공평해.

똑똑한 임차인은 그렇지도 않아

뭐? 그럼 난..

흥분하긴!

멍청 하단 거야?

들어봐. 내 말은 임차인도 권리가 있다는 말이야. 자기가 월세를 지불하는 만큼 그 권리를 제대로 챙기라구.

임차인이 가지는 6가지 권리

- 사용수익의 권리
- 차임감액청구의 권리
- 부속물매수청구의 권리
- 유익비상환청구의 권리
- 필요비상환청구의 권리
- 주택하자에 대한 차임 감액 청구 및 해제의 권리

사용수익의 권리 세를 들어 살 동안 임차주택을 사용할 수 있도록 유지, 수선해줄 것을 임대인에게 적극적으로 요구할 수 있는 권리

보일러가 고장나서 시베리아에 관광온 거 같아요.

고쳐줄게, 돌려말하지 마.

집주인

차임감액청구의 권리 임차인이 임차주택의 기존 보증금이 적절하지 않다고 여겼을 때에는 임대인에게 차임의 감액을 청구할 수 있다. 단, 임대인이 응하지 않은 경우가 많으므로 유명무실하다.

사문화

하지만 실제로는 거의 쓰이지 않아.

임차인의 6가지 권리

임차인은 법률에 의해 다음의 여섯 가지 권리를 갖게 됩니다.

- 사용 · 수익의 권리

- 차임감액청구의 권리

- 부속물매수청구의 권리

- 필요비상환청구의 권리

- 유익비상환청구의 권리

- 주택 하자에 대한 차임감액청구 및 해제의 권리

지금부터 하나씩 살펴보도록 하겠습니다.

사용·수익의 권리

사용·수익의 권리는 말 그대로 임차인이 임차주택을 사용·수익할 수 있는 권리인, 이름하여 '임차권'을 말합니다.[15] 임차권을 가진 임차인은 해당 주택에 세 들어 사는 기간 동안에 임대인에게 자신이 주택을 사용·수익할 수 있도록 유지 및 수선해줄 것을 적극적으로 요구할 수 있습니다. 보일러가 고장나거나 천장에서 물이 샐 때 집주인에게 전화를 걸어 "고쳐달라."고 요구할 수 있는 까닭이 되는 임차인의 가장 기본적인 권리입니다.

차임감액청구의 권리

차임증감청구의 권리는 이미 앞에서 "사문화된 것이나 다름 없다."고 설명을 드린 바 있으니, 여기에서 또 설명을 드리진 않겠습니다.

부속물매수청구의 권리

임차인 본인이 임차주택을 보다 더 편히 사용하기 위한 목적으로 에어컨, 인터폰, 디지털도어록 등의 부속물(집에 딸리는 물건)을 '임대인의 동의를 얻어' 설치했다면, 임대차계약이 종료될 때 임차인은 임대인에게 그 부속물(에어컨, 인터폰, 디지털도어록 등)을 사줄 것을 요구할 수가 있습니다.[16]

법률은 이런 권리를 일컬어서 '임차인의 부속물매수청구권'이라고 칭합니다. 단, 2회 이상 차임연체에 의한 계약해지의 경우에는 이 권리

를 행사할 수 없습니다.[17]

부속물매수청구권은 보통 임차인이 자신이 설치한 부속물을 떼어서 다른 곳으로 이사를 가는 것이 여의치 않을 경우에 행사됩니다.[18] 이 권리는 청구에 대한 임대인의 승낙을 기다릴 것 없는 형성권(形成權, 권리자의 일방적 의사표시에 의하여 법률관계의 변동을 발생시키는 권리)입니다. 그리고 다행히도 기존 임차인에게 편리한 부속물이었다면 새로운 임차인에게도 편리하게 작용할 것이기 때문에(즉 임대인으로서는 추후 다른 임차인을 받기가 훨씬 더 수월할 것이기 때문에), 현장에서 '임차인의 부속물매수청구권'에 대한 분쟁이 벌어지는 경우는 그리 많지가 않습니다.

필요비상환청구의 권리

임차인이 임차주택의 보존에 관한 비용, 이른바 '필요비'를 지출한 때에는 그 비용이 발생한 즉시 임대인에게 그 비용의 보상을 청구할 수 있습니다.[19] 여기서 필요비란 '임차주택을 사용·수익하기에 적당한 상태로 유지 또는 보존하기 위해서 필요한 모든 비용'을 말합니다. 그냥 쉽게 '집에 관련한 거의 모든 수리비'라고 생각하면 됩니다. 그 수리비엔 임대인의 동의를 얻지 않고 쓴 비용도 포함됩니다.

그러나 현장에서 필요비상환청구의 권리가 사용되는 경우는 극히 드뭅니다. 임대인에게 알리지 않고 임의로 보일러, 수도 등을 수리했다가 "내가 더 싼 곳에서 고칠 수 있는데 왜 그랬느냐?!" 등의 역정을 들을 수 있기 때문입니다(을의 설움입니다.). 거기에 설상가상으로 "돈 못 주겠다!"고 나와버리면 민사조정이나 민사소송을 통해서 받아내는 것 말고는 다른 방법이 없기 때문에, 괜한 다툼을 만들기 싫은 임차인은 고장사실을 임대인에게 알린 뒤 수리가 완료될 때까지 참고 기다리는 것이 보통입니다.

유익비상환청구의 권리

임차인이 임차주택의 객관적 가치를 증가시키기 위한 비용(보일러 교체, 인테리어, 수도·전기공사 등의 비용)인 이른바 '유익비'를 치렀고(임대인의 동의 여부는 따지지 않습니다.), 임대차계약 종료 시에도 증가된 그 가치가 뚜렷하다면[20], 임대인은 임차인에게 임차주택의 가치증가분에 대한 값 또는 임차인이 치른 비용을 보상해줘야 합니다.[21]

이러한 권리 역시 바로 앞에서 살펴본 '필요비상환청구의 권리'처럼 현장에서 임차인이 실제로 행사하는 모습을 보는 경우는 아주 드뭅니다(다툼으로 이어지기 딱 좋거든요.). 하지만 둘 다 임차인의 적법한 권리입니다.

참고로 '필요비상환청구의 권리'와 '유익비상환청구의 권리'*는 임대인에게 '임차주택을 돌려준 날로부터 6개월 이내'에 행사하여야 합니다.[22]

---

*　"임차인이 임대차계약 종료 시에 건물을 원상복구하기로 약정하였다면, 이는 임차인이 임차목적물에 지출한 각종 유익비 또는 필요비의 상환청구권을 미리 포기하기로 한 취지의 특약이라고 볼 수 있다."는 대법원 판례가 있습니다(대법원 1975. 4. 22. 선고 73다2010 판결). 그런데 우리가 앞서 살펴본 임대차계약서 제5조에는 "임대차계약이 종료된 경우에 임차인은 위 부동산을 원상으로 회복하여 임대인에게 반환한다."라는 문구가 있습니다(108, 112쪽 참조). 이는 임차인의 유익비 및 필요비 상환청구권을 상실시키는 문구이므로 되도록이면 지우는 것이 좋습니다.

주택 하자에 대한 차임감액청구 및 해제의 권리

임차인은 임차주택에 하자(권리의 하자 및 주택 자체의 하자 포괄)가 있어 주택을 사용·수익할 수 없게 된 경우에는 임대인에게 하자수선을 청구하고[23], 해당 주택을 사용·수익할 수 없게 된 부분만큼의 차임감액을 청구할 수 있습니다.[24]

차임감액청구권은 앞서 "사문화된 것이나 다름없다."고 하며 다룬 『주택임대차보호법』에 의한 차임증감청구권과는 또 다른 종류의 청구권입니다. (증액과 감액이 모두 가능한) 전자의 청구권은 『주택임대차보호법』 제7조 등에 기초하고, (감액만 가능한) 후자의 청구권은 『민법』 제627조 제1항 등에 기초합니다. '경제사정 등에 의한 차임증감청구권'과 '주택하자에 의한 차임감액청구권'이라고 이름 붙이면 구분이 용이합니다.

한편 하자 외의 부분(사용·수익할 수 있는 부분)만으로는 주택임대차의 목적 달성이 불가능할 경우 임차인은 주택임대차계약을 해지할 수 있습니다.[25]

임차인의 3가지 의무

임차인은 법률에 의해 다음의 세 가지 의무를 갖게 됩니다.

- 차임지급의 의무

- 보존의 의무
- 반환 및 원상회복의 의무

차임지급의 의무

차임지급의 의무는 앞서 '월세에 관한 몇 가지 조언'(179쪽 참조)을 통해 살펴보았으니 따로 더 다루지는 않겠습니다.

보존의 의무

임차인은 임대차계약기간 동안 임차주택을 '선량한 관리자의 주의 (보통사람에게 요구되는 정도의 신중함)'로 보존해야 할 의무를 집니다.[26] 또한 임차인은 임대인이 임차주택의 보존에 필요한 행위를 하는 경우에는 이를 거절하지 못합니다.[27] 그러나 임대인이 임차인의 의사에 반하여 보존행위를 함으로써 임차인이 사용·수익의 목적을 달성할 수 없게 됐을 경우 임차인은 임대차계약을 해지할 수 있습니다.[28]

반환 및 원상회복의 의무

임차인은 임대차계약의 종료와 함께 임대인에게 해당 주택을 반환해야 할 의무가 있습니다. 그때에 임차인은 임차주택을 원래의 상태(임대차계약 체결 당시의 상태)로 회복하여 반환해야 합니다.[29]

SECTION. 15

임대인의
권리와 의무

집집아, 벌써 자는 거야? 과자 사왔는데~

하이고~ 남사스럽게 뭘 이런걸 다~ 고맙다~

에잇, 기분이다. 이건 그냥 패스하려고 했는데 특별히 알려주지, 임대인의 의무!

임대인의 의무를 알아야 임대인이 의무를 다하지 않았을 때 요구를 할 수 있을 거 아냐.

임대인의 권리는 임차인의 의무를 반대로 생각하면 되니까 더이상 말하지 않을게.

수선의 의무 임대인은 임차인이 임차주택을 사용할 수 있도록 해당 주택의 상태를 유지시킬 의무가 있다.

물이 안나오네, 수리해야겠다

집주인

방해제거 의무 제3자에 의해 해당주택을 사용하는 데 방해가 있을 때 임대인은 임차인을 위해 그것을 제거할 의무가 있다.

이제 제방이에요

전 임차인

넌 이제 그만 나가줘

집주인

전 임차인

주택하자의 책임 임대인은 주택의 하자로 임차인이 임차주택을 사용할 수 없을 때 그 하자에 대해 책임을 져야 한다.

방수처리 하러 왔어요~

집주인

여기 천장에서 비가 새요.

임차보증금의 반환 의무 임대인은 임대차 기간의 만료 등으로 임대차계약이 끝났을 때에는 임차인에게 보증금을 반환해야 한다.

그동안 감사했어요.

여기 보증금. 이사 잘 가요~

보증금

그러고 보면 임차인과 임대인 모두 상대를 배려하면 싸울 게 없어. 그치?

잘 먹네.

임대인의 3가지 권리

정보
수집ㆍ
임장
활동

권리
분석ㆍ
계약

거
주

퇴
거

앞서 살펴본 '법률에 의한 임차인의 의무 세 가지'는 반대 방향으로 이름만 바꿔 임대인의 권리 세 가지가 되기도 합니다(임차인의 의무＝임대인의 권리).[30] 다시 말해 임대인에게 임차인의 '차임지급의 의무'와 '보존의 의무', '반환 및 원상회복의 의무'에 대한 청구권(특정인에 대하여 일정한 행위를 요구할 수 있는 권리)이 생기는 것인데요, 이 청구권 세 가지는 다음과 같이 표현됩니다('차임증감청구의 권리'는 누차 사문화된 것이나 다름이 없다고 설명을 드린바, 임대인의 권리에 포함하지 않았습니다.).

- 차임지급청구의 권리
- 임대물의 보전에 필요한 행위를 할 권리
- 반환청구 및 원상회복청구의 권리

임대인의 3가지 의무

임대인은 법률에 의해 다음의 네 가지 의무를 집니다(이 또한 임차인의 권리와 일부 겹치는 부분이 있습니다.).

- 수선의 의무
- 방해제거의 의무
- 주택의 하자에 대한 책임
- 임차보증금의 반환의무

이하 하나씩 살펴보도록 하겠습니다.

수선의 의무

임대인은 임차인이 임차주택을 사용·수익하는 데 필요한 상태를 유지해주어야 할 이른바 '수선의 의무'를 부담합니다.[31] 이 수선의 의무는 특약에 의해 임차인의 부담으로 돌릴 수도 있습니다. 그러나 기본 설비의 교체 등과 같은 대규모의 수선일 경우에는 특약에도 불구하고 임대인이 수선의무를 부담하게 됩니다.[32] 한편 임차인은 임대인이 주택을 수선해주지 않을 경우엔 손해배상을 청구할 수 있고, 주택임대차계약을 해지하거나 파손된 부분의 수리가 끝날 때까지 차임의 전부 또는 일부의 지급을 거절할 수도 있습니다.[33]

방해제거의 의무

임대차계약 체결 이후 임대인이 주택을 임차인에게 인도하였으나 이전의 임차인이 퇴거를 하지 않는 등 제3자에 의해 해당 주택의 사용·수익에 방해를 받는 경우 임대인은 임차인을 위해 그 방해를 제거해야 할 의무를 집니다.[34]

주택의 하자에 대한 책임

임대인은 주택의 하자(권리의 하자 및 주택 자체의 하자 포괄)로 인해 임차인이 임차주택을 사용·수익할 수 없게 된 경우에는 그 하자에 대한 책임을 져야 합니다.[35]

임차보증금의 반환의무

임대인은 임대차 기간의 만료 등으로 인해 임대차계약이 종료된 때에 임차인에게 보증금을 반환해줄 의무가 있습니다.[36] 이러한 임대인의 임차보증금 반환의무는 앞서 살펴본 '임차인의 임차주택 반환의무'와 동시이행 관계에 있습니다.[37] 즉 임대인이 보증금을 돌려주지 않으면 임차인은 임차주택을 반환하지 않아도 되고, 반대로 임차인이 임차주택을 반환하지 않으면 임대인은 보증금을 돌려주지 않아도 됩니다. 참고로 현행 『민법』은 이런 힘의 균형을 일컬어서 동시이행의 항변권이라고 부르고 있습니다.[38]

**무엇이든
물어보세요**

Q 지지난 달 아파트 전세계약을 체결하며 계약서에 특약으로 "은행 융자 8,000만 원을 잔금일에 상환하고 해당 근저당권을 말소한다."고 적어넣었습니다. 그런데 임대인이 아직까지도 은행 융자를 상환하지 않고 있습니다. 이를 이유로 임대차계약을 해지할 수 있을까요?

A 계약서에 명시된 사항인 바, 해지 가능합니다.

Q 계약만기 넉 달 전에 '보증금 5,000만 원을 증액하고 2년을 더 살기로' 임대인과 합의를 보아 미리 계약서를 작성해두었습니다. 아직 계약금 및 잔금은 치르지 않은 상태입니다. 그런데 오늘 임대인이 찾아와 하는 말이 '곧 자신의 동생이 들어와 살 예정이니 새로 한 계약은 없던 것으로 하고 그냥 나가달라'고 합니다. 그리고 '계약금이 지급되지 않았기 때문에 아직 새로운 임대차계약엔 효력이 없다'고 하는데, 그 말이 사실인가요?

A 임대차계약은 당사자 간 합의만 이루어진다면 돈의 행방 등과는 관계없이 곧 계약이 성립되는 낙성(諾成)·불요식(不要式) 계약입니다. 그러므로 "계약금이 지급되지 않았기 때문에 아직 새로운 임대차계약엔 효력이 없다."는 임대인의 주장은 사실이 아닙니다. 만약 임대인이 계약을 해지하려면 (아직 계약금이 오가지는 않았지만) 이번에 작성한 계약서에 적혀있는 계약금의 두 배를 질문자(임차인)에게 상환해야 합니다.[39]

Q 전세계약 이후 전입신고까지 마친 채 살고 있는 임차인입니다. 최근 임대인이 제가 살고 있는 집을 아무개 씨에게 팔았습니다. 그런데 어제 아무개 씨가 찾아와 '자신이 집에 들어와 살 예정이니 이사를 해달라'고 했습니다. 제가 집을 비워줘야 하나요?

A 질문자께선 『주택임대차보호법』상의 대항력 요건인 '주택의 인도'와

'전입신고'를 마친 상태이므로, 새로운 임대인에게도 임차권을 주장할 수 있습니다. 즉 집을 비워주지 않으셔도 됩니다. 한편 새로운 임대인은 주택의 매매를 통해 기존 임대인의 지위를 승계한 것이므로 질문자께선 계약 만료 후 보증금을 새로운 임대인에게 청구하면 됩니다.[40]

Q 보일러가 고장나서 임대인에게 요청하였지만, 아무런 조치가 없어 결국 제 돈으로 수리를 했습니다. 30만 원을 썼는데, 임대인에게 돌려받을 수 있나요?

A 임차인이 임차주택의 보존에 관한 비용, 이른바 '필요비'를 지출한 때에는 비용이 발생한 즉시 임대인에게 그 비용을 청구할 수 있습니다.[41] 질문자께서 사용한 30만 원은 필요비로써 임대인에 상환청구 가능합니다.

Q 임대인에겐 임차인이 임차주택을 사용·수익하는 데 필요한 상태를 유지해줘야 할 '수선의 의무'가 있는 것으로 알고 있습니다.[42] 그럼 형광등이 고장 나도 임대인이 고쳐줘야 하는 건가요? 어디까지가 임대인이 부담해야 하는 수선의 의무인가요?

A "손쉽게 고칠 수 있을 만큼의 사소한 고장은 임대인의 수선의무에 해당하지 않는다."는 대법원 판례가 있습니다.[43] 즉 임대인은 형광등과 같은 소모품의 교체 및 수선을 제외한, 그 외 보일러나 상하수도 등의 주요설비에 대한 교체 및 수선의무를 부담한다고 볼 수 있겠습니다.

Q 1년 전 '소유권이전청구권 보전의 가등기'가 설정되어있는 집에 전세계약을 맺고 전입신고 및 확정일자를 부여 받았습니다. 만약 임대차계약기간 중에 가등기권자가 가등기에 의한 소유권이전의 본등기를 마치고 제게 '집을 비워

달라'고 요구한다면, 저는 그의 말에 따라야 하나요?

A 질문자의 대항력 취득 이전에 가등기가 설정되었기 때문에 집을 비워 주셔야 합니다. 그리고 보증금은 종전의 임대인으로부터 반환받으셔야 합니다.

Q 전입신고도 했고 확정일자도 부여받은 임차인입니다. 며칠 전에 집주인이 바뀌었습니다. 제게 불이익은 없나요?

A 질문자께선 『주택임대차보호법』상의 대항력 취득요건인 주택의 인도와 전입신고를 마친 임차인이기 때문에 기존 임대인만이 아닌 제3자인 새로운 임대인에 대해서도 임차권을 주장할 수 있습니다. 또한 같은 법률에 의거, 임차주택의 양수인은 임대인의 지위를 승계한 것으로 보기 때문에 임대차계약이 만료되면 새로운 임대인에게 보증금을 돌려받으면 됩니다.[44] 요컨대 질문자께 불이익은 없습니다.

SECTION. 16

임대차계약의
갱신과 해지

아! 꼭 새로 계약서를 쓰지 않아도 돼. 기존 계약서에서 필요한 부분만 수정해도 된다고.

진짜?

귀찮으니까 기존 계약서를 수정하죠.

임대인

임차인

한 계약서에 확정일자를 두 개 받아도 기존 확정일자의 효력은 그대로 ~

에이, 너무 지저분하다!

임차인

하지만 기존 계약서의 내용을 지우고 그 위에 새로운 계약 내용을 작성하면...

이전 보증금액이나 계약기간을 확인할 수 없으니까 절대 지우면 안 돼.

이전 계약내용을 알 수 없네요.

저 이전걸 지우고 썼어요.

임차인

그리고... 주택임대차보호법에 의한 묵시의 갱신 조항이 있기 때문에.

임대차 기간이 끝나기 6개월 전부터 1개월 전까지 임대인이 임차인에게 계약을 해지한다고 전하지 않으면...

계약만료일이 다가오는군. 이번달까지 집주인하고 마주치지 말아야지...

임대인

임차인

이전 임대차계약과 동일한 조건으로 임대차계약이 갱신돼. 단, 임차인이 차임을 두 번 이상 연체하지 않았다면 말이야.

임대인

주택임대차

자, 그럼 동일한 조건으로 연장된 거다.

임차인

합의에 의한 임대차계약의 갱신

임대차계약이 만료되는 즈음해서 당사자(임대인, 임차인)끼리의 합의에 의해 보증금 또는 월세를 증감하는 조건으로(혹은 그대로 둔 상태에서) 임대차계약의 기간을 연장할 수도 있습니다. 세칭 "합의에 의해 (임대차)계약이 갱신됐다."고 표현되는 경우인데요, 이하 그때의 계약서 작성법 및 확정일자 효력(우선변제권)에 대한 설명입니다.

임대차계약서 새롭게 작성하여 확정일자 받기

계약서를 그냥 새롭게 작성해도 '보증금을 지키는 데에는' 아무런 문제가 없습니다. 그러니까 보증금 1억 원짜리 전세를 살다가 만료일 즈음에 계약을 연장하며 보증금 2,000만 원을 증액해주기로 했다면, 마치 그 계약이 처음인 것마냥 "보증금 : 1억 2,000만 원"이라고만 써서 임대차계약서를 작성하고 확정일자를 받아도 된다는 것이지요.

　그렇게 하면 처음에 받았던 확정일자의 효력(우선변제권)이 사라지는 것 아니냐고요? 그렇지는 않습니다. 2012년 7월에 내려진 대법원 판결에 의하면, 재계약(임대차계약의 갱신)을 하면서 새롭게 임대차계약서를 작성해 확정일자를 받았다 하더라도, 변경 전 임대차계약서에 부여받은 확정일자의 효력은 그대로 유지가 됩니다.[45] 따라서 새로운 확정일자의 효력은 이전 계약과 새로운 계약의 '차집합' 부분에 대해서만 생기게 되는 거지요.

　예를 들어 살펴보겠습니다. 임차인A가 2014년 1월 6일에 '보증금 1억 원, 존속기간 2014년 1월 6일부터 2016년 1월 6일까지'로 하는 전세계약을 체결하며 확정일자를 받았습니다. 그 뒤 2015년 5월 7일에 채권최고액을 2,000만 원으로 하는 B은행의 근저당권이 해당 주택에 설정되었습니다. 그리고 임대차계약 만료일인 2016년 1월 6일에 다시 임차인A가 보증금을 2,000만 원 증액해서 2년 연장의 조건으로 기존의 전세계약을 갱신했습니다. 물론 새로운 임대차계약서엔 "보증금 1억 2,000만 원"이라고만 적었지요(아래 그림 참조).

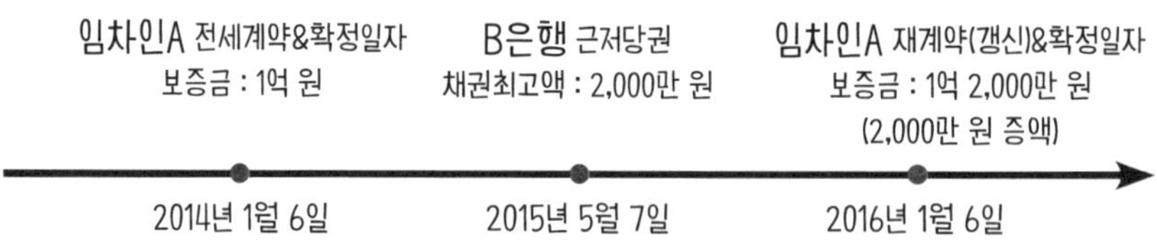

임차인A 전세계약&확정일자
보증금 : 1억 원

B은행 근저당권
채권최고액 : 2,000만 원

임차인A 재계약(갱신)&확정일자
보증금 : 1억 2,000만 원
(2,000만 원 증액)

2014년 1월 6일　　　2015년 5월 7일　　　2016년 1월 6일

이 경우 2014년에 부여 받은 임차인A의 보증금 1억 원에 대한 확정
일자의 효력이 여전히 유효하기 때문에 총 보증금 1억 2,000만 원 중
1억 원에 해당하는 금액은 2015년에 설정된 B은행의 근저당권(채권최
고금액 2천만 원)에 우선한 권리를 갖게 됩니다. 그리고 나머지 보증금
2,000만 원(보증금 증액분)에 대한 확정일자의 효력은 2016년 1월 6일을
기점으로 발생합니다.

임대차계약서 수정하여 확정일자 받기

계약서를 새롭게 작성하지 않고, 확정일자를 받았던 기존의 임대차
계약서를 조금 수정하여 거기에 확정일자를 '다시 또' 받아도 괜찮습니
다.[46] 역시 앞서의 경우와 마찬가지로 (같은 임대차계약서에) 확정일자를
새롭게 받는다 하더라도 기존의 확정일자 효력은 그대로 존속됩니다.

계약서의 수정방법은 간단합니다. 임대차계약서 여백에 ① 이전 계
약의 재계약이라는 취지를 명확히 표시하고(예 : "종전 계약의 기간 2014년
1월 6일~2016년 1월 6일, 보증금 1억 원에서, 기간은 2016년 1월 6일~2018년 1월
6일로, 보증금은 2,000만 원을 증액한 1억 2,000만 원으로 재계약을 체결함."), ②
계약당사자(임대인, 임차인)가 서명이나 날인을 하면 됩니다(이상의 두 가
지가 누락된 임대차계약서에 대해서는 담당공무원이 『확정일자 업무편람』에 기초
하여 보완을 요청합니다.).

참고로 기존 계약서 글자 위에 줄을 그어 처음의 보증금액 등을 지운
후에 새로운 내용을 적어넣으면, 이전의 보증금액이나 계약기간의 확인

이 불가능하기 때문에 절대로 이전에 쓰인 글씨를 삭제해서는 안 됩니다.[47]

『주택임대차보호법』에 의한 묵시의 갱신

임대인이 임대차 기간이 끝나기 6개월 전부터 1개월 전까지의 기간에 임차인에게 갱신거절의 통지를 하지 않거나 계약조건의 변경의사를 전하지 않으면(임차인 역시 임대차 기간이 끝나기 1개월 전까지 갱신거절의 통지 등을 임대인에게 하지 않아야 합니다.), 『주택임대차보호법』에 의해 '전 임대차와 동일한 조건'으로 임대차계약이 갱신됩니다.[48] 다만, 임차인이 2기의 차임을 연체한 경우엔 그렇지 않습니다.[49]

쉽게 말해 임차인이 2기의 차임을 연체하지 않았고, 임대차 만료일 1개월 전까지 당사자(임대인, 임차인)끼리 아무런 '액션'이 없으면, 계약이 이전 내용 그대로 연장이 되는 겁니다. 법률은 이를 일컬어서 '묵시의 갱신'이라고 부릅니다.

묵시의 갱신이 이루어질 경우 임차인은 갱신일을 기점으로 하여 새로운 임대차 기간 2년을 보장받게 됩니다.[50] 임차인은 묵시의 갱신 이후 언제든지 임대인에게 계약의 해지를 통보할 수 있고[51], 임대인이 임차인의 계약해지 통보를 받은 후 3개월이 지나면 그 해지의 효력이 발생합니다.[52]

그러니까 묵시의 갱신이 이루어지면 임차인은 기존 주택에서 그대로 2년을 더 살 수도 있고, 마음이 바뀌어 중간에 이사를 갈 수도 있는(임차인이 임대인에게 "이사를 가겠다."고 한 뒤 3개월이 지나야 해지의 효력 발생) 일종의 선택권을 갖게 되는 겁니다.

혹시 헷갈려 하실까 봐 부연 설명을 드립니다. 묵시의 갱신에 의한 이러한 권리는 임대인에겐 주어지지 않습니다. 당사자끼리 아무 말 없이 기존 임대차계약의 만료일이 지나면 임대인은 싫건 좋건 간에 임차인이 정해주는 '2년 이내의 추가 계약기간'을 받아들여야 하는 거지요.

또한 묵시적 갱신의 경우 '계약조건이 그대로인 한편, 법률에 의해 (추가로) 2년의 임대차 기간을 보장받기 때문'에 앞서 살펴본 '합의에 의한 임대차계약의 갱신'처럼 임대차계약서를 추가로 더 작성해 확정일자를 받을 이유는 없습니다.

무엇이든
물어보세요

Q 오늘 원룸 월세 계약을 체결했는데, 개업공인중개사가 계약서상 계약기간을 2년이 아닌 1년으로 적었습니다. 임대차계약기간은 기본이 2년 아닌가요?

A 『주택임대차보호법』 제4조 제1항엔 다음과 같이 쓰여있습니다. "기간을 정하지 아니하거나 2년 미만으로 정한 임대차는 그 기간을 2년으로 본다. 다만, 임차인은 2년 미만으로 정한 기간이 유효함을 주장할 수 있다."[53] 그러니까 질문자께서는 이제 임대차계약의 기간을 계약서에 적힌 대로 1년이라고 주장할 수도 있고 『주택임대차보호법』에 의거하여 2년이라고 주장할 수도 있는 거죠. 개업공인중개사가 임대차계약서에 임대차 기간을 2년이 아닌 1년으로 적은 것은 상대적 약자인 임차인(질문자)을 배려한 처사로 생각됩니다.

Q 월세 임차인입니다. 계약기간은 2년이지만, 급작스런 사정으로 1년도 채우지 못하고 이사를 가야 할 상황입니다. 임대인이 계약기간을 다 채우지 못하고 이사를 가니 새로운 세입자를 들이는 데 드는 중개보수는 제가 부담을 해야 한다고 합니다. 사실인가요?

A 새로운 임차인을 들이는 데 드는 중개보수는 임대인이 부담하는 것이 원칙입니다. 그러나 현 임차인인 질문자께는 임대차계약기간 동안에 임대인에게 차임을 지급해야 할 이른바 '차임지급의 의무'가 남아있습니다. 한편 임대인은 계약 종료일까지는 임차인(질문자)에게 보증금을 반납해주지 않아도 됩니다. 문제가 매우 복잡하지요? 하여 이럴 경우 현장에선 임차인이 중개보수를 부담하는 조건으로 모든 문제를 마무리 짓는 것(임차인은 차임지급 의무에서 벗어나고 임대인은 보증금을 돌려줍니다.)이 보통입니다. 일종의 '합의 가이드라인' 또는 '관습'인 것이지요. 임대인은 아마 이것에 대해서 말한 것 같습니다.

Q 2년 임대차계약을 체결하고 거주하던 중 계약 종료시점에 당사자끼리 아무런 말이 없어 묵시적 갱신이 이루어졌습니다. 그런데 제게 사정이 생겨 임대인에게 이사를 간다고 말하고, 3개월 후에 이사를 나가려고 하니 임대인이 중개보수는 제가 부담을 해야 한다고 합니다. 혹시 법률에 그런 규정이 있나요?

A 『주택임대차보호법』에 의거, 묵시의 갱신이 이루어진 임대차는 이전 임대차 기간에 상관없이 갱신일을 기점으로 새로운 임대차 기간 2년을 보장받게 됩니다.[54] 임차인은 묵시의 갱신 이후 언제든지 임대인에게 계약의 해지를 통보할 수 있고[55], 임대인이 임차인의 계약해지 통보를 받은 후 3개월이 지나면 그 해지의 효력이 발생합니다(212~213쪽 참조).[56] 즉 질문자께선 묵시의 갱신 이후 계약해지를 통보하고, 그 뒤 3개월이 지나서 이사를 가는 것이기 때문에 임대인과 중개보수 등을 두고 협상을 벌일 만한 아무런 이유가 없습니다.

Q 작은 아파트에 전세 들어 사는 임차인입니다. 사정이 생겨 애초에 약속한 계약기간을 다 채우지 못하고 이사를 가야 합니다. 다행히 중개보수는 제가 부담을 하고 새로운 임차인이 구해지면 바로 보증금을 돌려받기로 임대인과 원만히 합의를 보았습니다. 그런데 임대인이 기존 제 보증금보다 턱없이 높은 금액으로 집을 내놓아서, 벌써 수개월째 새로운 임차인이 들어오질 않고 있습니다. 제가 어떻게 조치를 취할 방법은 없을까요?

A 기존 임차인에겐 새로운 임대차계약의 조건에 대해 임대인에게 뭐라 할 수 있는 권한이 없습니다. 안타깝지만 질문자께서는 기다리는 것 말고는 다른 방도가 없습니다.

Q 처음 임대차 기간을 1년으로 하여 계약을 체결하고 그 뒤 계약 만료일까지 당사자끼리 아무 말이 없어 묵시의 갱신이 이루어지면 추가로 2년의 계약기간이 더 주어져 총 3년을 살 수 있는 건가요?

A 그렇지 않습니다. 처음 임대차 기간을 1년으로 정해 계약을 맺었다면, 만기 시에 임차인은 임대인에게 보증금의 반환을 청구하거나 2년의 기간을 수상하여 추가 1년을 더 거수할 수 있을 뿐입니다. 다시 말해 1년이 종료되는 시점에 당사자끼리 아무런 말이 없었다면, 임차인은 1년을 더 거주하여 총 2년을 거주할 수 있는 것이지 추가로 2년의 거주기간을 더 보장받는 것은 아닙니다.[57]

Q 임대인이 임대차계약만료 보름 전에 "보증금을 4,000만 원 인상해줄 수 없다면 나가달라."는 통보를 해왔습니다. 저는 되도록이면 지금 집에서 계속 살고 싶습니다. 어떻게 해야 할까요?

A 임대차 기간이 끝나기 6개월 전부터 1개월 전까지의 기간에 임대인이 임차인에게 갱신거절의 통지를 하지 않거나 계약조건의 변경의사를 전하지 않으면,『주택임대차보호법』에 의해 묵시의 갱신이 이루어집니다.[58] 묵시의 갱신이란 '전 임대차와 동일한 조건'으로 임대차계약이 갱신되는 것을 말합니다. 임대인이 계약만료 보름 전에 보증금의 인상을 통보했으므로, 해당 임대차계약은 이미 묵시의 갱신이 이루어진 상태입니다. 그러니 질문자께서는 보증금 4,000만 원을 올려주지 않은 채로 '이전과 같은 조건' 하에 머물러 살 수 있습니다.

Q 2년 임대차계약에 대한 묵시의 갱신이 이루어져 현재 3년째 살고 있는 임차인입니다. 갱신된 계약 만료일이 내년 10월 5일인데, 꼭 그때까지 임차주택에 거주해야 하는 건가요?

A 아닙니다. 임차인은 묵시의 갱신 이후 언제든지 임대인에게 계약의 해지를 통보할 수 있습니다.[59] 그리고 임대인이 임차인의 계약해지 통보를 받은 후로 3개월이 지나면 그 해지의 효력이 발생합니다.[60] 요컨대 질문자께선 임대인에게 계약해지를 통보한 후 3개월이 지나면 이사하실 수 있습니다.

Q 전세권등기를 한 임차인입니다. 얼마 전 묵시의 갱신이 이루어졌습니다. 그 결과 등기사항전부증명서상에 표시되는 전세권 존속기간과 실제의 전세기간이 불일치하게 되었습니다. 전세권등기를 새로 해야 하나요?

A 전세권의 묵시의 갱신은 법률의 규정에 따른 전세권 존속기간의 변경이므로 등기가 없어도 효력이 발생합니다.[61] 따라서 날짜를 맞추기 위해 굳이 새로 전세권등기를 하실 필요는 없습니다(근저당권의 채권최고액과 실제의 채권액이 불일치한다는 점에 비추어보면 납득하기가 쉬울 것입니다.).

살고 있던 셋집이
경매에 넘어간다면?

남의 집에 세 들어 살며 겪을 수 있는 가장 황당한 사건은 역시 거주 중인 집이 졸지에 경매에 넘어가는 것일 겁니다. 월세건 전세건 간에 보증금은 임차인의 전 재산이나 다름없으니, 그때를 가히 '최악의 상황'이라고 표현해도 틀린 말은 아니겠지요.

우린 바로 그 최악의 상황을 대비하기 위해 앞서 많은 지면에 걸쳐가며 등기사항전부증명서를 통한 권리분석법과 확정일자에 의한 우선변제권 등에 대해 공부했습니다. 그러면 임차주택이 경매에 넘어가게 되면 어떻게 되는지, 또 그러한 때의 대처법은 무엇인지에 관해서 살펴보도록 하겠습니다.

임의경매와 강제경매

경매는 크게 임의경매와 강제경매로 나누어집니다. 집행권원의 필요 유무에 따른 분류입니다. 집행권원을 사전적으로 표현하면 다음과 같습니다.

"국가의 강제력에 의해 실현될 청구권의 존재와 범위가 표시되고
집행력이 부여된 공정증서"

그냥 쉽게 '화해 조서'나 '판결문'이라고 생각하면 됩니다.

근저당권이나 (등기된) 전세권처럼 임차주택의 등기사항전부증명서에 표시가 되는 권리, 그러니까 임차주택을 담보로 잡은 권리는 그 안에 집행력이 내포되어있기 때문에 경매를 위한 별도의 집행권원이 필요치 않습니다. 그러나 임차인의 임차권은 본래 임차주택을 담보로 한 것이 아니기 때문에 별도의 집행권원이 필요합니다. 따라서 은행의 근저당권 등에 의한 경매는 임의경매, 임차인의 임차권을 까닭으로 한 경매는 강제경매가 되겠습니다.

두 경매 모두 임대인의 채무불이행 사태에 근원하여 발동이 됩니다. 예컨대 임대인이 주택담보대출의 원리금을 제때에 상환하지 못하면 채권자인 은행이 근저당권에 기초하여 집을 임의경매에 넘기고, 또 임대차계약이 끝났음에도 임대인이 임차인에게 보증금을 돌려주지 않으면

임차인이 그 돌려받지 못한 보증금을 까닭으로 하여 집행권원을 얻어 강제경매에 넘기는 겁니다. 결국 두 경매 모두 채권자가 자기 돈을 회수하려는 몸짓인 거지요.

임의경매와 강제경매의 진행절차에 주의해야 할 만한 차이점이 있는 건 아닙니다. 군이 언급하자면 신청서류의 차이 정도가 있겠습니다. 따라서 이하 두 경매를 따로 구분하지 않고 한데 뭉뚱그려 '경매'라고 부르도록 하겠습니다.

또한 임대인이 보증금을 돌려주지 않았을 때에 임차인이 '집행권원을 얻어' 임차주택을 경매에 넘기는 방법에 관해선 CHAPTER.04에서 따로 설명하도록 하겠습니다. 우선은 은행 등 제3자에 의해 살고 있던 셋집이 졸지에 경매에 넘어가게 되는, '아닌 밤중에 홍두깨와 같은 상황'에 대해 살펴보겠습니다.

임차주택의 경매 절차

일반적으로 경매는 다음의 절차를 따릅니다.

경매신청 및 경매개시 결정	매각 준비	매각	배당

앞서 권리분석법을 공부하며 다룬 구로동 소재의 8,000만 원짜리 전세주택을 기억하시지요?(59~90쪽 참조) 보다 쉬운 설명을 위해 그 예를 다시 들어 몇 가지 사항을 더해보겠습니다.

우리는 권리분석 날(2016년 1월 7일) 즈음하여 집을 계약했습니다. 전입신고와 확정일자까지 마쳤지요. 그 뒤 다른 권리변동은 없었습니다. 그러던 어느 날(2016년 5월)에 근저당권자인 우리은행(채권최고액 7,000만 원)이 임차주택을 경매에 넘겼습니다. 이제 이 가정을 토대로 각각의 경매 절차를 들여다보겠습니다.

경매신청 및 경매개시 결정

채권자인 우리은행이 근저당권을 기초로 담보주택의 소재지 지방법원(서울남부지방법원)에 경매를 신청하면[62], 법원이 서류를 검토하여 경매개시의 여부를 결정짓습니다.

매각 준비

경매개시가 결정되면 법원은 해당 부동산(보통 채권자는 근저당권을 건물과 토지에 공동으로 설정하기 때문에 주택과 토지가 동시에 경매에 넘어가게 됩니다. 지금 우리가 살펴보는 구로동 소재의 주택 역시 마찬가지입니다. 이런 이유로 '건물＋토지'라는 뜻에서 '부동산'이라는 표현을 사용하였습니다.)을 매각하기 위한 조치를 실시합니다.

먼저 등기공무원에게 '경매개시결정의 등기'를 촉탁합니다.[63] 이즈음

등기사항전부증명서를 떼어보면 갑구를 통해 경매개시의 내용을 확인할 수 있습니다(아래 갑구 참조).

【갑구】	(소유권에 관한 사항)			
순위번호	등기목적	접수	등기원인	권리자 및 기타사항
1	소유권보존	2007년 4월 4일 제30645호		소유자 홍길동 123456-******* 서울특별시 성동구 ○○동 123
2	소유권이전	2010년 8월 5일 제35215호	2010년 8월 3일 매매	소유자 황진이 123456-******* 서울특별시 서초구 ○○동 12 매매목록 제2010-123호
3	임의경매개시결정	2016년 5월 18일 제55356호	2016년5월18일 서울남부지방법원의 임의경매개시결정(2016타경12345)	채권자 주식회사우리은행 110111-0023393 서울특별시 중구 회현동1가 203

그리고 해당 부동산의 매각으로 금전채권의 만족을 얻게 될 채권자와 각종 조세 및 공과금을 징수하는 공공기관에게 정해진 기일까지 '배당요구'를 할 것을 공고해서 배당요구의 신청을 받습니다.[64]

또한 경매 부동산을 현금화하기 위해 집행관에게 부동산의 현상, 점유관계, 차임 또는 보증금의 액수와 그 밖의 현황에 대해 조사하도록 명하고[65], 감정인(감정평가사)에게 부동산을 평가하게 한 후 그 평가액을 참작해서 '최저매각가격(경매시작가격)'을 정합니다(실무에선 감정인의 평가액이 그대로 최저매각가격이 되고 있습니다.).[66]

이렇게 작성된 매각물건명세서와 현황조사보고서 및 평가서는 그 사본을 매각기일 또는 입찰개시일 1주일 전까지 법원에 비치하여 누구나 볼 수 있도록 하고 있습니다.[67] 참고로 대법원 경매정보 홈페이지

(http://www.courtauction.go.kr)에 접속하면 법원에 가지 않고도 해당 서류를 열람할 수가 있습니다.

매각

법원은 정해진 날짜에 직접 경매법정에 나가 입찰표를 작성 및 제출하는 '기일입찰' 방식이나 입찰기간 내에 입찰표를 작성해 직접 또는 등기우편으로 제출하는 '기간입찰' 방식으로 경매 대상 부동산을 매각합니다.[68] 보통은 기일입찰 방식으로 치러집니다. 개찰 결과 최고가를 써낸 사람(최고가매수신고인)이 낙찰대금을 모두 납부하면, 그에게로 소유권이 이전됩니다.[69]

배당

매수인이 매각대금을 지급하면 법원은 여러 법률에 규정되어있는 채권 등의 우선순위에 따라 배당을 실시합니다.[70]

그 순서는 다음과 같습니다.

제1순위 집행비용(인지대, 송달료, 신청서기료, 등록면허세, 평가비용, 현황조사비용, 수수료, 공고비 등)

제2순위 제3취득자의 비용상환청구권(필요비, 유익비)

제3순위 『주택임대차보호법』상 보증금 중 일정액, 『근로기준법』상 임금채권 등 최종 3개월분의 임금 및 최종 3년분의 퇴직금

정보
수집
·
임장
활동

권리
분석
·
계약

거
주

퇴
거

제4순위 국세(토지초과이득세, 상속세, 증여세, 재평가세), 지방세(재산세, 도시계획세)

제5순위 조세채권 등 당해세(해당 부동산에 부과된 세금)를 제외한 국세 및 지방세, 근저당권 및 전세권 등에 의해 담보된 채권, 확정일자 임차인(이상은 법정기일, 요건 구비, 등기의 선후에 따름)

제6순위 (법정기일이 근저당권 등의 설정일보다 늦은) 각종 조세채권

제7순위 국세 및 지방세의 다음 순위로 징수하는 공과금(의료보험료, 고용보험료 및 산재보험료)

제8순위 일반채권, 임차인의 배당액

『민법』, 『상법』, 『근로기준법』 등의 법률에서 정한 채권 등의 우선순위에 따른 정렬입니다. 물론 임차인이 이런 것까지 세부적으로 공부할 필요는 없습니다. 다만, 알아두어야 할 것이 꼭 하나 있습니다.

바로 제3순위에 쓰인 『**주택임대차보호법**』**상 보증금 중 일정액**입니다. 중요한 내용이니만큼 뒤에 따로 지면을 마련하여 자세히 살펴볼 것입니다. 지금은 '그냥 저게 중요한가 보다' 하고 넘어가면 됩니다. 이상 임차주택의 경매 절차를 모두 살펴보았습니다.

임차인은 언제 경매 사실을 알게 될까?

그럼 임차인은 언제 자신이 살고 있는 집이 경매에 넘어갔다는 사실을 알게 될까요? 바로 법원이 경매 대상 부동산의 매각을 준비할 때입니다. 법원으로부터 부여받은 각자의 임무 수행을 위해 임차주택에 방문한 집행관 또는 감정인을 만나 "집이 경매에 넘어갔다."는 청천벽력과도 같은 소식을 전해 듣게 되는 것이지요.

집행관 또는 감정인의 방문시기는 누가 먼저랄 것 없이 엇비슷합니다. 감정인은 임차인이 부재중인 상태에서도 감정평가를 할 수 있습니다. 때문에 서로 엇갈려 마주치지 않는 경우도 발생합니다. 그러나 임차내역 등을 조사하는 것이 주 임무인 집행관은 임차인이 부재중일 때에는 문 앞에 방문 사실을 표시하고 돌아오기 때문에 재방문을 통해서라도 어떻게든 만남이 이루어집니다.

임차인은 어떻게 해야 배당을 받을 수 있을까?

임차주택이 경매에 넘어갔을 경우, 전입신고 등을 했다고 해서 임차인에게 자동으로 배당이 이루어지는 것은 아닙니다. 임차인이 확실하게 배당의 의사표시를 해야지만 배당을 받을 수가 있습니다. 해당 행위를 일컬어서 '임차인의 권리신고 및 배당요구신청'이라고 합니다.

A3440

권리신고 및 배당요구신청서(주택임대차)

사건번호　　　타경　　　　부동산강제(임의)경매

채 권 자

채 무 자

소 유 자

　임차인은 이 사건 매각절차에서 임차보증금을 변제받기 위하여 아래와 같이 권리
신고 및 배당요구신청을 합니다.

1	임차부분	전부(방　칸), 일부(　　층 방　칸) (※건물 일부를 임차한 경우 뒷면에 임차부분을 특정한 내부구조도 를 그려 주시기 바랍니다)
2	임차보증금	보증금　　　　　　　원에 월세　　　　　원
3	점유(임대차)기간	20　.　.　.부터 20　.　.　.까지
4	전입일자 (주민등록전입일)	20　.　.　.
5	확정일자 유무	유(20　.　.　.), 무
6	임차권·전세권등기	유(20　.　.　.), 무
7	계약일	20　.　.　.
8	계약당사자	임대인(소유자)　　　　　　임차인
9	입주한 날 (주택인도일)	20　.　.　.

아　　래

첨부서류

1. 임대차계약서 사본　1통
2. 주민등록표등(초)본　1통

20　.　.　.

권리신고 겸 배당요구신청인　　　(날인 또는 서명)

(주소 :　　　　　　　　　　　　　　)

(연락처 :　　　　　　　　　　　　　)

지방법원　　　　**귀중**

※ 임차인은 기명날인에 갈음하여 서명을 하여도 되며, 연락처는 언제든지 연락가능한 전화번호나 휴
대전화 번호 등(팩스, 이메일 주소 등 포함)을 기재하시기 바랍니다.

신고 및 신청의 방법이 복잡하거나 어렵진 않습니다. 법원에 비치되어있는 (한 장짜리) '권리신고 및 배당요구신청서'를 작성한 후(대법원 홈페이지에서도 다운로드가 가능합니다.), 임대차계약서 사본과 주민등록등본 (초본) 등을 첨부하여 법원이 정한 배당요구의 종기일(보통 경매개시 결정 이후로 2~3개월의 기간이 주어집니다.[71])까지만 제출하면 됩니다.[72]

한편 임차인은 이 모든 내용을 집을 방문한 집행관으로부터 안내받게 됩니다.

최우선변제권

이제 별도로 자세히 설명하기로 한, 배당의 순위 중 세 번째인 '『주택임대차보호법』상 보증금 중 일정액'에 대해 살펴보겠습니다.『주택임대차보호법』에 의거하여 '소액임차인'이 임차주택에 대한 경매신청의 등기 전에 '대항력'을 갖춘 경우[73]에는 보증금 중 일정액을 다른 담보물권자(근저당권자 등)보다 우선하여 변제받을 권리가 생깁니다(이 권리는 확정일자를 필요로 하지 않습니다.).[74]

다시 말해 보증금액이 일정 수준 이하인 보통의 임차인(임대차계약과 전입신고를 마치고 실제 집에 살고 있는 임차인)은 임차주택이 경매에 넘어갔을 경우 여러 근저당권자 등보다 우선하여 보증금 중 일정 금액을 배당받을 수가 있습니다.

현장에선 이 권리를 확정일자에 의한 우선변제권과 구분하기 위해 최우선변제권이라고 일컫고 있습니다.

- (확정일자에 기반한) 우선변제권 : 나(임차인)보다 후순위인 채권자 등에게 대항할 수 있는 권리
- (대항력과 소액보증금에 기반한) **최우선변제권** : 나(임차인)보다 앞선 순위의 채권자 등에게도 대항할 수 있는 권리

한편 최우선변제권을 갖게 되는 소액임차인이란 다음의 금액 이하로 보증금을 치른 임차인을 말합니다.[75]

- 서울특별시 : 1억 원
- 『수도권정비계획법』에 따른 과밀억제권역(서울특별시는 제외)[*] : 8,000만 원
- 광역시(『수도권정비계획법』에 따른 과밀억제권역에 포함된 지역과 군지역은 제외), 세종특별자치시, 안산시, 용인시, 김포시 및 광주시 : 6,000만 원
- 그 밖의 지역 : 5,000만 원

---

[*]   인천광역시(강화군, 옹진군, 서구 대복동·불노동·마전동·금곡동·오류동·왕길동·당하동·원당동, 인천경제자유구역 및 남동 국가산업단지는 제외), 경기도 중 의정부시, 구리시, 남양주시(호평동, 평내동, 금곡동, 일패동, 이패동, 삼패동, 가운동, 수석동, 지금동, 도농동만 해당), 하남시, 고양시, 수원시, 성남시, 안양시, 부천시, 광명시, 과천시, 의왕시, 군포시, 시흥시[반원특수지역(반원특수지역에서 해제된 지역 포함) 제외]]

그리고 해당 보증금 중 최우선적으로(제3순위로) 변제를 받을 수 있는 '보증금 중의 일정액'은 다음의 금액을 초과하지 않습니다.[76]

- 서울특별시 : 3,400만 원
- 『수도권정비계획법』에 따른 과밀억제권역(서울특별시는 제외) : 2,700만 원
- 광역시(『수도권정비계획법』에 따른 과밀억제권역에 포함된 지역과 군지역은 제외),
  세종특별자치시, 안산시, 용인시, 김포시 및 광주시 : 2,000만 원
- 그 밖의 지역 : 1,700만 원

여기에 아래 네 가지 단서조항이 붙습니다.

하나 만약 임차인의 '보증금 중 일정액'이 경매 대상 부동산 낙찰가액의 2분의 1[**]을 초과하는 경우에는 그 부동산 낙찰가액의 2분의 1에 해당하는 금액까지만 최우선변제권이 있습니다.[77]

둘 하나의 경매 대상 부동산에 임차인이 두 명 이상이고, 각 보증금 중 일정액을 모두 합한 금액이 경매 대상 부동산 낙찰가액의 2분의 1을 초과하는 경우에는, 각 보증금 중 일정액을 모두 합한 금액에

[**]　　사실 "경매 대상 부동산 낙찰가액의 2분의1"이라는 설명은 부정확합니다. "낙찰대금에 입찰보증금에 대한 배당기일까지의 이자 등을 포함한 금액에서 집행비용을 공제한 실제 배당할 금액의 2분의1"이라는 설명이 정확합니다(대법원 2001. 4.27. 선고 2001다8974 판결). 개념을 쉽게 전달하기 위해 경매 대상 부동산 낙찰가액의 2분의 1로 단순화하였습니다. 이 점 고려 바랍니다.

대한 각 임차인의 보증금 중 일정액을 비율로 해당 경매 대상 부동산 낙찰가액의 2분의 1에 해당하는 금액을 분할한 금액을 각 임차인의 보증금 중 일정액으로 봅니다.[78]

가령 세입자가 두 명인 어느 주택의 낙찰가가 1억 원이고 이들 세입자의 보증금 중 일정액이 모두 3,400만 원이라면 주택 낙찰가의 2분의 1인 5,000만 원을 초과(3,400만 원×2=6,800만 원)하여 각 세입자는 (해당 주택의 낙찰가 2분의 1인) 5,000만 원에 대한 1:1의 비율, 즉 2,500만 원씩을 최우선적으로 변제받게 됩니다.

셋 하나의 주택에 임차인이 두 명 이상이고, 이들이 그 경매 대상 부동산에서 가정공동생활을 하는 경우에는(즉 서류상으로는 각각의 임차인인데, 실제로 생활하는 건 식구인 경우에는), 이들을 1명의 임차인으로 보아 이들의 각 보증금을 합산합니다.[79]

넷 최우선변제권과 관련된 규정이 개정될 경우, 개정 이전에 임차주택에 대하여 담보물권을 취득한 자에 대해서는 종전의 규정을 따릅니다.[80]

다음은 넷째 단서조항에 대한 추가설명입니다. 『주택임대차보호법』이 시행된 이래 '최우선변제금액' 등은 세간의 물가상승분 등을 감안하여 아래의 표와 같이 꾸준하게 증액(개정) 되어왔습니다.[81]

시행일자	지역	보증금 범위	최우선변제금액
1984년 6월 14일부터	특별시, 직할시	300만 원 이하	300만 원 이하
	그 밖의 지역	200만 원 이하	200만 원 이하
1987년 12월 1일부터	특별시, 직할시	500만 원 이하	500만 원 이하
	그 밖의 지역	400만 원 이하	400만 원 이하
1990년 2월 19일부터	특별시, 직할시	2,000만 원 이하	700만 원 이하
	그 밖의 지역	1,500만 원 이하	500만 원 이하
1995년 10월 19일부터	특별시, 광역시, 군지역 제외	3,000만 원 이하	1,200만 원 이하
	그 밖의 지역	2,000만 원 이하	800만 원 이하
2001년 9월 15일부터	수도권 중 과밀억제권역	4,000만 원 이하	1,600만 원 이하
	광역시(군지역, 인천제외)	3,500만 원 이하	1,400만 원 이하
	기타지역	3,000만 원 이하	1,200만 원 이하
2008년 8월 21일부터	수도권 중 과밀억제권역	6,000만 원 이하	2,000만 원 이하
	광역시(군지역, 인천제외)	5,000만 원 이하	1,700만 원 이하
	기타지역	4,000만 원 이하	2,500만 원 이하
2010년 7월 26일부터	서울특별시	7,500만 원 이하	2,500만 원 이하
	수도권중 과밀억제권역	6,500만 원 이하	2,200만 원 이하
	광역시(군제외), 용인, 안산, 김포, 광주시	5,500만 원 이하	1,900만 원 이하
	기타지역	4,000만 원 이하	1,400만 원 이하

정보
수집
·
임장
활동

권리
분석
·
계약

거
주

퇴
거

2014년 1월 1일부터	서울특별시	9,500만 원 이하	3,200만 원 이하
	수도권중 과밀억제권역	8,000만 원 이하	2,700만 원 이하
	광역시(군제외), 용인, 안산, 김포, 광주시	6,000만 원 이하	2,000만 원 이하
	기타지역	4,500만 원 이하	1,500만 원 이하
2016년 3월 31일부터	서울특별시	1억 원 이하	3,400만 원 이하
	수도권중 과밀억제권역	8,000만 원 이하	2,700만 원 이하
	광역시(군 제외), 세종특별자치시, 용인, 안산, 김포, 광주시	6,000만 원 이하	2,000만 원 이하
	기타 지역	5,000만 원 이하	1,700만 원 이하

　　최우선변제권은 임차인의 대항력 취득 날짜와는 상관없이 최선순위의 담보가 설정되었을 당시의 내용을 적용받습니다.[82] 그렇지 않으면 최우선변제권이 지닌 '순위 초월의 기능'에 의해 선순위인 선의의 담보물권자가 피해를 입게 되기 때문입니다.

　　가령 은행 등의 금융사는 주택담보대출을 실시할 때엔 "방을 하나씩 뺀다."고 표현하면서 꼭 해당 주택의 '임대 가능한 공간만큼의 최우선변제금액'을 차감하여 대출을 실시하고 있습니다. 그런데 만약 법률이 개정되어 최우선변제금액이 증액되면, 금융사의 이런 계산이 틀어져 해당 대출을 실시했던 금융사가 불의의 손해를 입게 될 수도 있습니다. 그런 사태를 막기 위해 설계된 것이 바로 넷째 단서조항(『주택임대차보호법 시행령』 부칙 제4조)입니다.

설명이 길었습니다. 그러나 '단서조항을 제외한 핵심'은 아주 단순합니다. 만약 서울특별시에 보증금 9,000만 원으로 세를 들어 사는 아무개 씨의 임차주택이 경매에 넘어가면, 아무개 씨는 확정일자에 의한 순위에 상관없이 경락대금 내에서 최우선적으로 3,400만 원을 배당받게 됩니다. 그리고 그 나머지 금액인 6,800만 원은 확정일자에 의한 순위를 따져서 배당받습니다.[83]

그럼 여기서 한 발짝 더 나아가보겠습니다. 앞서 우리가 계약한 것으로 상정한 구로동 8,000만 원짜리 전세주택의 예를 통해서, 최우선변제권의 '단서조항을 고려한 배당순위'를 살펴보겠습니다. CHAPTER.02에서 분석한 구로동 주택의 권리관계는 아래와 같습니다.

- 2011년 7월 18일, 근저당권, 신한은행, 채권최고액 1억 2,000만 원
- 2013년 11월 20일, 근저당권, 우리은행, 채권최고액 7,000만 원
- 2014년 11월 12일, 대항력과 우선변제권(확정일자)이 있는 임차권(임차인A), 보증금 7,000만 원
- 2015년 5월 19일, 대항력과 우선변제권(확정일자)이 있는 임차권(임차인B), 보증금 200만 원
- 2016년 1월 xx일, 대항력과 우선변제권(확정일자)이 있는 임차권(우리), 보증금 8,000만 원

2011년 7월 18일에 설정된 신한은행의 채권최고액 1억 2,000만 원짜리 근저당권이 '최선순위'의 담보물권입니다. 이를 기준으로 최우선변제권의 보증금 범위 등을 따지면 됩니다(지금 우리가 가정하는 예에서는 우리은행이 집을 경매에 넘긴 것으로 되어있습니다. 그러나 그런 사실은 최우선변제권을 계산하는 데 아무런 상관이 없습니다.). 2011년 7월 8일을 기준으로 한 최우선변제권의 내용은 다음과 같습니다.

지역	보증금 범위	최우선변제금액
서울특별시	7,500만 원 이하	2,500만 원 이하
수도권중 과밀억제권역	6,500만 원 이하	2,200만 원 이하
광역시(군 제외), 용인, 안산, 김포, 광주시	5,500만 원 이하	1,900만 원 이하
기타 지역	4,000만 원 이하	1,400만 원 이하

임차인A(보증금 7,000만 원)와 임차인B(보증금 200만 원)는 보증금이 7,500만 원 이하이기 때문에 최우선변제권을 갖게 됩니다(임차인A 최우선변제금액 2,500만 원, 임차인B 최우선변제금액 200만 원). 그러나 우리(보증금 8,000만 원)는 최우선변제권의 보증금 범위를 초과했기 때문에 가질 수 없습니다. 즉 계약 당시 겉으로 드러나 염두에 둔 권리, 그러니까 신한은행, 우리은행, 임차인A, 임차인B, 우리 간의 배당 순위는 다음과 같이 정렬됩니다.

제1순위 임차인A와 임차인B의 『주택임대차보호법』상 보증금 중 일정액(최우선변제금액)

제2순위 신한은행의 근저당채권

제3순위 우리은행의 근저당채권

제4순위 임차인A의 보증금에서 최우선변제금액을 뺀 나머지금액

제5순위 임차인B의 보증금에서 최우선변제금액을 뺀 나머지금액

제6순위 우리의 보증금

Q A은행을 채권자로 하는 근저당권이 설정된 아파트에 임대차계약을 맺은 임차인입니다. 오늘 전입신고 및 확정일자를 부여받았습니다. 만약 추후 A은행이 아파트를 경매에 넘겨 제3자 B라는 사람이 낙찰을 받게 되면, 저는 그 경락인 B에게 제 임차권을 주장할 수 있는지요?

A 주장할 수 없습니다. 경매목적 부동산이 경락된 경우에는 최선순위의 권리(저당권 등)보다 뒤에 등기가 되었거나 대항력을 갖춘 임차권은 함께 소멸되기 때문입니다.[84] 그러나 만약 A은행의 근저당권이 질문자의 대항력보다 후순위이면서 경매 과정에서 질문자가 권리신고 및 배당신청을 하지 않는다면, 질문자는 제3자 경락인 B에 대하여 임차권을 주장할 수 있습니다. 왜냐하면 『주택임대차보호법』 제3조 제4항에는 "임차주택의 양수인(그 밖에 임대할 권리를 승계한 자를 포함한다)은 임대인의 지위를 승계한 것으로 본다."는 규정이 있는데[85], 그 양수인에는 경매에 의한 경락인도 포함이 되기 때문입니다.[86] 실무에선 이런 경우를 일컬어서 "경락인이 임차권(임차인)을 인수한다."고 표현합니다.

Q 임대차계약체결 당시에는 『주택임대차보호법』에 규정된 소액임차의 기준선을 넘었었는데, 계약을 갱신하면서 보증금을 줄여 이제는 소액임차인의 기준선 안에 들게 되었습니다. 만약 임차주택이 경매에 넘어갈 경우 저는 최우선변제권을 행사할 수 있을까요?

A 원칙적으로는 행사할 수 있으나 보증금을 줄인 주된 목적이 소액임차인으로서 보증금 중 일정액을 배당받기 위한 것이라면 행사할 수 없다는 것이 법원의 판결입니다.[87] 따라서 혹시라도 곧 임차주택이 경매에 넘어가게 되면, 배당의 이해관계인에 의해 배당이의소송이 제기될 수도 있습니다.

Q 이번에 전세 재계약을 하며 보증금을 올려주어 그 합계금액이 『주택임대차
보호법』에서 정한 소액임차의 기준선을 넘어섰습니다. 만약 추후 임차주택이
경매에 넘어가면 저는 최우선변제권을 행사할 수 없는 건가요?

A "임대차 관계가 지속되는 동안 임대차 보증금의 증감·변동이 있는 경
우, 소액임차인에 해당하는지의 여부를 판단하는 시점은 원칙적으로 배당
시로 봄이 상당하고, (…) 처음 임대차계약을 체결할 당시 임대차 보증금
의 액수가 적어서 소액임차인에 해당한다고 하더라도 그 후 갱신과정에
서 증액되어 그 한도를 초과하면 더 이상 소액임차인에 해당하지 않게 된
다."[88]는 판례가 있습니다. 요컨대 질문자께서는 더이상 최우선변제권을
행사할 수 없습니다.

CHAPTER.04
#이사나오기
#퇴거

SECTION. 18

집주인이 보증금을
돌려주지 않을 때

임대차계약이 종료되면 임차인은 임차주택을 임대인에게 반환해야 할 의무 등을, 임대인은 임차인에게 임차보증금을 반환해야 할 의무를 집니다. 만약 임대차계약이 종료되었는데도 임대인이 보증금을 돌려주지 않는다면, 임차인이 보증금을 돌려받을 때까지는 임대차 관계가 존속하는 것으로 보아 임대차계약상의 권리·의무가 그대로 유지됩니다(앞에서 임대인의 보증금 반환의무와 임차인의 임차주택 반환의무가 동시이행의 관계라고 설명했던 거 기억하시지요?).[1] 즉 보증금을 돌려주지 않은 '채무자인 임대인'은 계약 만료를 이유로 들어 수선의무 등을 게을리 할 수가 없는 거죠.

또한 임대차계약을 종료하며 '유익비상환청구권'과 '부속물매수청구권'에 관한 문제가 발생할 수도 있습니다. 이에 대해선 이미 앞서 충분히 다루었으니, 여기선 그냥 넘어가도록 하겠습니다(192~194쪽 참조).

어쨌든 임대차계약의 종료와 관련된 문제 중에 가장 골치 아픈 것은 역시 '임대인이 보증금을 돌려주지 않을 때'일 것입니다. 이런 경우 집주인은 "새로운 임차인이 아직 안 구해져서 돈이 없으니 조금만 기다려 달라(집주인이 은행 빚 등을 보증금으로 '돌려막기' 하고 있을 경우에 벌어지는 현상입니다. 현재 많은 집주인이 이런 처지에 놓여있습니다.).", "날짜 맞춰서 곧장 보증금을 내어주는 집주인이 세상천지 어디에 있느냐!?(실제 사례입니다.)" 등등 각양각색의 이유를 들곤 하는데요, 사실 어서 빨리 다른 집으로 이사를 가고 싶은 임차인으로선, 어떻게 들어봐도 계약불이행에 따른 핑계일 따름입니다. 설상가상 임차인이 이미 다른 집의 계약까지 끝마친 상태라면 상황은 정말로 심각한 분위기를 연출하게 됩니다.

만약 임대차가 종료되었는데도 임대인이 보증금을 돌려주지 않는 '사건'이 발생하게 되면, 되도록이면 보증금을 돌려받을 때까지 이사를 가지 않는 편이 좋습니다. 이사를 가면 임차인의 거의 유일한 무기인 '대항력'이 상실되기 때문입니다('주택의 인도'와 '주민등록'이라는 대항력의 취득 및 존속요건이 제거되기에 벌어지는 현상입니다.).[2]

대항력의 상실은 곧 최우선변제권과 우선변제권의 상실을 의미합니다. 거듭 말하지만 전 재산이나 다름없는 보증금입니다. 그런 피 같은 돈을 감히 무방비지대로 내팽개칠 순 없는 노릇이지요. 그래서 준비했습니다. 지금부터는 집주인이 보증금을 돌려주지 않을 때 어떻게 대처해야 하는지에 관한 내용입니다.

임차권등기

　임대차계약이 끝난 후에도 보증금을 반환받지 못한 임차인은 이미 취득한 대항력과 우선변제권의 상실을 막기 위해 임차주택 소재지를 관할하는 법원에 '임차권등기명령'을 신청할 수 있습니다. 이때 임대인의 동의나 승낙은 필요치 않습니다.[3] 그리고 등기명령에 의해 등기가 완료되면, 임차인은 이사를 가도 기존에 취득했던 대항력과 우선변제권이 그대로 유지가 됩니다.

　① 임대차가 끝난 후 ② 보증금을 반환받지 못한 모든 경우에 신청할 수 있기 때문에, 계약기간 만료에 의한 임대차 종료만이 아닌, 해지통고[*] 및 합의에 의해 임대차가 해지된 경우에도 임차권등기명령을 신청할 수 있습니다. 또한 임차보증금의 전액이 아닌 그 일부를 돌려받지 못한 경우에도 신청이 가능합니다.[4]

　임차권등기명령을 신청하고자 하는 임차인은 '주택임차권등기명령 신청서(대법원 홈페이지에 접속하면 쉽게 다운로드 가능합니다.)'를 작성하여

---

[*] 　　　 – 임대인이 임차인의 반대에도 임차주택에 대한 보존행위를 하여 임차인이 임차의 목적을 달성할 수 없어 해지통고를 하고 그 통고가 임대인에게 도달한 경우(196쪽 참조).
– 임차주택의 일부가 임차인의 과실 없이 멸실 그 밖의 사유로 사용·수익할 수 없게 되고, 그 잔존 부분으로는 임대차의 목적을 달성할 수 없어 임차인이 해지통고를 하고 그 통고가 임대인에게 도달한 경우(195쪽 참조).
– 묵시의 갱신이 이루어진 경우 임차인이 해지통고를 하고 그 통고가 된 날부터 3개월이 경과한 경우(212~213쪽 참조).

임대차계약서 사본과 등기사항전부증명서, 부동산목록(자신이 임차하고 있는 부분을 간략하게 그림으로 그려넣으면 됩니다.) 등의 첨부서류와 함께 임차주택 소재지를 관할하는 법원에 제출하면 됩니다.

소요되는 총비용은 등기신청수수료 3,000원, 등록세 7,200원 등을 비롯하여 채 몇 만 원을 넘지 않습니다. 그리고 이 모든 비용은 임대인에게 청구하여 받을 수 있습니다.[5]

한편 임차권등기가 등재된 주택에 새로 들어온 임차인은(기존 임차인은 임차권등기의 등재를 확인한 후에 바로 이사를 가는 것이 보통입니다.), 대항력의 취득요건('주택의 인도'와 '주민등록')을 모두 갖추었다 하더라도 최우선변제권을 가질 수가 없습니다.[6] 임차권등기 후에 새로 이사온 임차인이 최우선변제권을 행사하면, 임차권등기를 한 기존의 임차인이 불의의 피해를 입을 수 있기 때문에 마련된 장치입니다. 최우선변제권의 적용 시점을 최선순위 담보물권의 설정시기로 맞추는 것과 같은 맥락으로 이해하면 됩니다.

임차권등기의 표시는 곧 '임대인이 임차인에게 임차보증금을 반환하지 않았다는 사실'과 '새로운 임차인은 최우선변제권을 취득할 수 없다는 것'을 적시하는 것이니만큼, 임차권등기가 등재된 주택은 임대차시장에서의 매력을 잃고 오랫동안 빈 채로 표류하게 마련입니다. 하여 이런 사태(새로운 세입자가 구해지지 않는 상태)에 빠진 임대인이 가끔 임차권등기를 설정한 임차인에게로 다가와 "임차권등기를 말소해주면 보증금을 돌려주겠다."는 회유를 벌이기도 합니다. 그러나 "임대인의 임대차

주택임차권등기명령신청서

수입인지
2000원

신청인(임차인)　(이름)　　　　　　　　(주민등록번호 :　　　-　　　)

　　　　　　　　(주소)
　　　　　　　　(연락처)
피신청인(임대인)　(이름)
　　　　　　　　(주소)

신 청 취 지

별지목록 기재 건물에 관하여 아래와 같은 주택임차권등기를 명한다라는 결정을 구합니다.

아　　래

1. 임대차계약일자　:　20　　.　　.　　.
2. 임차보증금액　　:　금　　　　　　원, 차입 : 금　　　　　원
3. 주민등록일자　　:　20　　.　　.　　.
4. 점유개시일자　　:　20　　.　　.　　.
5. 확 정 일 자　　:　20　　.　　.　　.

신 청 이 유

첨 부 서 류

1. 건물 등기사항증명서　　1통
2. 주민등록등본　　　　　1통
3. 임대차계약증서 사본　　1통
4. 부동산목록　　　　　　5통

20　　.　　.　　.

신청인　　　　　　　(인)

○○ 지방법원 ○○지원 귀중

보증금의 반환의무가 임차인의 임차권등기 말소의무보다 먼저 이행되어야 할 의무"라는 것이 법원의 판단인 바, 그런 임대인에게는 "보증금 먼저 돌려주는 것이 순서!"라고 응대하면 됩니다.[7]

임대인이 정말로 오랫동안 보증금을 돌려주지 않을 수도 있습니다. 그럴 땐 집을 강제로 경매에 넘겨 보증금을 회수하는 방안까지 염두에 두어야 합니다. 앞서 임차인이 임차주택을 경매에 넘기려면 '집행권원'이 필요하다고 했던 거 기억하시지요?(223쪽 참조) 이하 집행권원을 확보할 수 있는 여러 방법 중 가장 손쉬운 세 가지를 살펴보도록 하겠습니다.

약속어음 공증

약속어음에 공증을 받는 방법입니다. 보증금의 반환이 이루어지지 않으면 임대인이 임차인에게 "몇 월 며칠까지는 꼭 보증금을 돌려주겠다."고 약속을 하는 것이 우리네 세상살이의 일반적인 모습입니다. 그때 "언제까지 얼마의 금액을 지급해주겠다."는 내용을 담아서 일종의 각서를 쓰기도 하는데, 그렇게 쓰는 각서의 법률적 용어가 바로 약속어음입니다. 추후 벌어질 수 있는 최악의 채무불이행 사태를 대비하려면 그 약속어음에 공증(특정한 사실 또는 법률관계의 존재를 공적으로 증명하는 행위)을 받아두는 것이 좋습니다.

임대인과 임차인이 함께 공증업무를 취급하는 합동법률사무소 또는 법무법인 등의 공증기관을 방문하면 쉽게 공증을 받을 수 있습니다. 공증을 받은 약속어음에는 '강제집행을 할 수 있다'는 취지가 적힌 공정증서(公正證書)가 첨부됩니다.[8] 임차인은 바로 그 공정증서로 말미암아 집행권원을 갖게 됩니다.[9] 그리고 임대인이 약속어음의 지급기일에도 보증금을 지급하지 않는 등 약속을 지키지 않는다면, 임차인은 그 공정증서를 작성한 공증기관에서 집행문을 발부받아 강제경매를 신청할 수 있습니다.

지급명령

지급명령을 통해 보증금을 회수하는 방법도 있습니다. '채권자의 일방적인 신청에 의해 채무자를 신문하지 않고 채무자에게 채무를 이행할 것을 명하는 재판'을 일컬어서 지급명령이라고 합니다.[10] 그러니까 채권자인 임차인이 "제가 받을 돈(보증금)이 있는데 임대인이 돌려주지 않습니다."라고 법원에 주장을 하면, 법원이 채무자인 임대인을 따로 불러내 그 사실관계 여부를 조사하지 않은 채로 채권자인 임차인의 손을 들어주는, 이른바 '일방통행식 제도'입니다. 그러나 임대인(채무자)이 지급명령에 대해 이의신청을 하면 결국 통상의 소송절차로 이어져 법정 다툼이 벌어

지 급 명 령 신 청 서

채 권 자   (이름)   (주민등록번호   -   )
          (주소)
          (연락처)
채 무 자   (이름)   (주민등록번호   -   )
          (주소)

청 구 취 지

채무자는 채권자에게 아래 청구금액을 지급하라는 명령을 구함

　1. 금   원
　2. 위 1항 금액에 대하여 이 사건 지급명령정본이 송달된 다음날부터 갚는 날까지
　　 연   %의 비율에 의한 지연손해금

독촉절차비용

　금   원(내역 : 송달료   원, 인지대   원)

청 구 원 인

첨 부 서 류

1.
2.

20   .   .   .

채권자   (날인 또는 서명)
(연락처   )

지방법원 귀중

◇ 유 의 사 항 ◇

1. 채권자는 연락처란에는 언제든지 연락 가능한 전화번호나 휴대전화번호(팩스번호, 이메일 주소 등도 포함)
　를 기재하기 바랍니다.
2. 이 신청서를 접수할 때에는 당사자 1인당 4회분의 송달료를 현금으로 송달료수납은행에 예납하여야 합니다.

집니다. 물론 '채무자임이 명확하게 증명되는 임대인'이 자신에게 보증금반환의무가 있다는 사실을 인정하지 않기란 쉽지가 않습니다.

신청방법은 간단합니다. '임대인의 주소지'를 관할하는 법원에 지급명령 정본을 송달하는 데 필요한 임대인의 주소 및 연락처, 청구금액 등을 적은 지급명령신청서를 제출하면 됩니다.[11] 서식은 대법원 홈페이지에서 다운로드 가능합니다.

지급명령이 결정되면 임대인에게 지급명령 정본이 송달됩니다.[12] 임대인이 지급명령 정본을 송달받고도 2주일 이내에 이의신청을 하지 않으면 지급명령이 확정되어 임차인이 집행권원을 확보하게 됩니다.[13] 그러나 만약 임대인이 이의신청을 하고 법원이 그것을 적법하다고 인정하는 경우에는 지급명령의 효력이 상실됩니다. 그리고 임차인이 신청했던 금액에 관하여 민사소송이 제기된 것으로 처리가 됩니다.[14]

절차가 단순한 만큼 비용 역시 저렴합니다. 일반 소송에 적용되는 인지(국가에 수수료 등을 납부하는 데 사용되는 증표를 말합니다. 시중은행 및 우체국에서 판매하고 있으며 흡사 우표처럼 생겼습니다.)액의 10분의 1만 납부하면 됩니다.[15] 보증금 8,000만 원을 기준으로 36,500원의 인지액과 28,400원의 송달료가 발생합니다.

민사조정

민사조정을 통해 보증금을 회수하는 방법도 있습니다. 민사조정이란 판결에 의하지 않고 조정담당판사와 상임 조정위원 또는 조정위원회가 분쟁 당사자로부터 주장을 들은 후 여러 사정을 참작하여 조정안을 제시, 분쟁을 신속하게 해결하는 제도입니다.[16] 간이 민사소송이라고 생각하면 편합니다.

신청은 서면 또는 구술(口述)로 할 수 있습니다.[17]

서면으로 신청하는 방법은 앞서 살펴본 지급명령의 신청방법과 같습니다. 민사조정신청서를 작성하여 임대인의 주소지를 관할하는 법원에 제출하면 됩니다. 해당 양식 또한 대법원 홈페이지를 통해 다운받을 수 있습니다. 조정신청서에는 당사자, 대리인, 신청인의 취지와 분쟁의 내용을 명확하게 기재해야 합니다. 또한 증거서류가 있는 경우에는 신청과 동시에 이를 제출하여야 합니다.[18] 구술로 신청하는 경우에도 임대인의 주소지를 관할하는 법원에 방문해야 합니다. 거기서 법원서기관, 법원주사 또는 법원주사보 앞에서 관련 내용을 진술하면 됩니다.[19]

조정신청서를 제출하면 얼마 지나지 않아 법원으로부터 임차인(신청인)과 임대인(상대방)에게 조정기일이 통지됩니다.[20] 임차인이 조정기일에 두 번 출석하지 않으면, 조정신청이 취하된 것으로 봅니다. 반대로 임대인이 출석하지 않으면, 조정담당판사가 상당한 이유가 없는 한 직권으로 조정에 갈음하는 결정을 내리게 됩니다.[21]

이 경우 임대인은 2주 안에 해당 내용에 대해 이의를 신청할 수 있습니다. 임대인이 이의를 신청할 경우 조정담당판사의 결정은 효력이 상실됩니다. 그리고 해당 사건은 민사소송으로 번지게 됩니다.[22] 간이민사소송이 본격민사소송으로 치닫게 되는 것이지요.

당사자가 조정기일에 출석하여 합의에 도달하면 조정이 성립됩니다.[23] 조정의 효력은 재판상의 화해와 동일한 효력을 갖습니다.[24] 때문에 임대인이 조정 조항에서 정한 의무(보증금의 반환의무)를 성실하게 이행하지 않는 경우에는 임차인이 조정조서에 기초하여 임차주택을 강제경매에 넘길 수도 있습니다.

한편 조정기일에 당사자가 출석하였지만 합의에 도달하지 못할 수도 있습니다. 그럴 때 조정담당판사는 직권으로 당사자의 이익 등을 고려하여 임차인의 조정신청 취지에 반하지 않는 한도 내에서 사건의 공평한 해결을 위한 결정을 내리게 됩니다. '당사자끼리 도달한 합의 내용이 적당하지 않다고 판단되는 경우'에도 마찬가지입니다.[25] 이때 역시 당사자는 2주 안에 조정담당판사가 직권으로 내린 결정에 대하여 이의를 신청할 수 있습니다. 이의가 신청될 경우 조정담당판사의 결정은 효력을 상실하게 됩니다. 그리고 사건이 민사소송으로 이행됩니다.[26] 조정판사의 직권에 의한 결정은 이의신청에 의해 모두 무력화될 수 있고, 조정의 실패는 결국 민사소송으로 연결된다고 알아두면 좋습니다.

민사조정 역시 지급명령과 마찬가지로 일반 소송에 적용되는 인지액의 10분의 1만 납부하면 됩니다.[27] 대한법률구조공단 홈페이지(http://

조 정 신 청 서

사 건 명

신 청 인   (이름)   (주민등록번호   -   )

                (주소)   (연락처)

피신청인   (이름)   (주민등록번호   -   )

                (주소)   (연락처)

소송목적의 값		원	인 지	원

※조정비용은 소장에 첨부하는 인지액의 1/10 입니다.

(인지첩부란)

송달료 계산 방법 : 당사자 수(신청인 + 피신청인) × 5 × 3,550원(1회 송달료)
※1회 송달료는 추후 변동될 수 있습니다.

휴대전화를 통한 정보수신 신청

위 사건에 관한 재판기일의 지정·변경·취소 및 문건접수 사실을 예납의무자가 납부한 송달료 잔액 범위 내에서 아래 휴대전화를 통하여 알려주실 것을 신청합니다.

▣ 휴대전화 번호 :

                    20 . . .
              신청인 원고   (날인 또는 서명)

※ 문자메시지는 재판기일의 지정·변경·취소 및 문건접수 사실이 법원재판사무시스템에 입력되는 당일 이용 신청한 휴대전화로 발송됩니다.
※ 문자메시지 서비스 이용금액은 메시지 1건당 17원씩 납부된 송달료에서 지급됩니다(송달료가 부족하면 문자메시지가 발송되지 않습니다).
※ 추후 서비스 대상 정보, 이용금액 등이 변동될 수 있습니다.

○○ 지방법원 귀중

◇유의사항◇

1. 연락처란에는 언제든지 연락 가능한 전화번호나 휴대전화번호, 그 밖에 팩스번호·이메일 주소 등이 있으면 함께 기재하여 주시기 바랍니다. 피신청인의 연락처는 확인이 가능한 경우에 기재하면 됩니다.
2. 첨부할 인지가 많은 경우에는 뒷면을 활용하시기 바랍니다.

신 청 취 지

1.

2.
라는 조정을 구합니다.

신 청 원 인

1.

2.

3.

입 증 방 법

1.
2.
3.
4.

첨 부 서 류

1. 위 입증방법	각 1통
1. 신청서부본	1통
1. 송달료납부서	1통

200 .   .   .

위 신청인   (서명 또는 날인)

www.klac.or.kr→생활법률 자동계산)에 접속하면 보증금액(채권액)에 따른 민사조정과 지급명령의 인지액 및 송달료의 계산을 자동으로 해주는 프로그램을 이용할 수 있습니다.

강제경매 신청하기

마지막으로 강제경매를 신청하는 방법에 대해 살펴보겠습니다(경매신청 이후의 절차는 222~238쪽에서 다룬바 있습니다.).

'집행권원을 가진 임차인'이 임차주택을 강제경매에 넘기려면 요건에 맞춰 부동산강제경매신청서를 작성한 후에 집행력있는 정본 등과 함께 해당 부동산(주택+토지)을 관할하는 지방법원에 제출해야 합니다.[28]

이때 임차인은 법원이 정하는 금액(강제집행에 필요한 비용)을 납부해야 합니다.[29] 그리고 그 비용은 추후 배당 과정에서 제1순위로 환급받게 됩니다(배당 순위에서 제1순위가 '집행비용'이었던 거 기억하시지요? 227~228쪽 참조).[30]

부동산강제경매신청서

수입인지
5000원

채 권 자   (이름)   (주민등록번호   -   )
                  (주소)
                  (연락처)

채 무 자   (이름)   (주민등록번호 또는 사업자등록번호   -   )
                  (주소)

청구금액   금   원 및 이에 대한 20 . . .부터 20 . . .까지 연   % 의
             비율에 의한 지연손해금
집행권원의 표시   채권자의 채무자에 대한   지방법원 20 . . .선고 20 가단(합)   대여금
             청구사건의 집행력 있는 판결정본

신 청 취 지

별지 목록 기재 부동산에 대하여 경매절차를 개시하고 채권자를 위하여 이를 압류한다
라는 재판을 구합니다.

신 청 이 유

채무자는 채권자에게 위 집행권원에 따라 위 청구금액을 변제하여야 하는데, 이를 이행하지 아니하므로
채무자 소유의 위 부동산에 대하여 강제경매를 신청합니다.

첨 부 서 류

1. 집행력 있는 정본   1통
2. 집행권원의 송달증명원 1통
3. 부동산등기부등본   1통
4. 부동산 목록   10통

20 . . .

          채권자   (날인 또는 서명)

○ ○지방법원 귀중

◇ 유 의 사 항 ◇

1. 채권자는 연락처란에 언제든지 <u>연락 가능한 전화번호나 휴대전화번호</u>(팩스번호, 이메일 주소 등도 포함)를 기재하기 바랍니다.
2. **채무자가 개인이면 주민등록번호를, 법인이면 사업자등록번호를 기재하시기 바랍니다.**
3. 이 신청서를 접수할 때에는 (신청서상의 이해관계인의 수＋3)×10회분의 송달료와 집행비용(구체적인 액수는 접수담당자에게 확인바람)을 현금으로 예납하여야 합니다.
4. 경매신청인은 채권금액의 1000분의2에 해당하는 등록세와 그 등록세의 100분의20에 해당하는 지방교육세를 납부하여야 하고, 부동산 1필지당 2,000원 상당의 등기수입증지를 제출하여야 합니다.

<예시>   **부동산의 표시**

1. 서울 종로구 ○○동 100
   대 20㎡
2. 위 지상
   시멘트블럭조 기와지붕 단층 주택
   50㎡ 끝.

Q 임대차계약이 종료된 지 두 달이 다 되었지만 아직까지도 보증금을 돌려받지 못하고 있는 월세 세입자입니다. 그런데 오늘 집주인이 제게 "왜 월세를 내지 않느냐?"고 따져 물었습니다. 궁금합니다. 보증금을 돌려받지 못해 어쩔 수 없이 살고 있는 저 같은 사람도 월세를 내야 하는 건가요?

A 계약만료 이후 임대인이 보증금을 돌려주지 않아 생긴 임차인의 손해와 계약만료 후 주택점유에 대한 월세는 분리되어 다루어지는 서로 다른 성질의 쟁점입니다. 즉 질문자께선 주택 점유에 대한 대가, 다시 말해 월세(차임)를 지급하셔야 합니다. 만약 대항력 및 우선변제권의 상실이 걱정되어 이사를 못하고 계신 거라면, 임차권등기명령제도를 이용하실 것을 권해드립니다(252~255쪽 참조).

Q 임대차계약 만료일이 지난 지가 벌써 한참입니다. 그런데 아직까지 임대인으로부터 보증금을 돌려받지 못하고 있습니다. 거기에 엎친데 덮친 격으로, 회사가 지방으로 이전을 해 꼭 몇 달 안으로는 이사를 해야만 하는 상황에 놓였습니다. 받지 못한 보증금을 위해서 제가 취할 수 있는 방법이 없을까요?

A 임차권등기명령 제도를 이용해보시길 바랍니다. 임대차 종료 후에도 임차보증금을 반환받지 못한 임차인은 단독으로 관할 법원에 임차권등기명령을 신청할 수 있습니다.[31] 법원 명령에 의해 임차권이 등기가 이루어지면, 임차인이 이사를 가도 기존에 취득했던 대항력과 우선변제권은 그대로 유지가 됩니다. 한편 임차권등기명령을 위해 임차인이 쓴 비용은 나중에 임대인에게 청구하여 회수할 수 있습니다(252~255쪽 참조).[32]

Q 임대차계약이 만료되었는데도 임대인이 보증금을 돌려주지 않아 임차권등기명령 제도를 염두에 두고 있습니다. 그런데 어제 등기사항전부증명서를 떼어보니 제가 살고 있는 집이 주택이 아닌 근린생활시설로 확인됩니다. 이런 경우에도 임차권등기명령 제도를 이용할 수 있나요?

A 『주택임대차보호법』은 주거용 건물의 전부 또는 일부의 임대차에 적용됩니다.[33] 그리고 이때 주거용 건물에 해당하는지의 여부는 임대차 목적물의 등기부(등기사항전부증명서)상의 표시만을 기준으로 하지 않고, 그 실제의 용도에 따릅니다.[34] 즉 질문자께서 근린생활시설인 해당 건물을 주거용으로 사용했다는 사실을 입증하면, 임차권등기명령 제도를 이용하실 수 있습니다.

Q 임대차계약이 만료되어 집을 내놓은 지가 꽤 되었는데도 아직까지 새 임차인이 들어오지 않고 있습니다. 임대인은 새 임차인이 들어와야지만 보증금을 돌려줄 수 있다고 합니다. 하는 수 없이 먼저 이사를 가야 해서 임차권등기명령을 신청하는데, 임대인에게 동의나 승낙을 구해야 하나요?

A 임차권등기명령은 임대인의 동의나 승낙 없이 임차인이 단독으로 신청할 수 있습니다.[35] 따라서 질문자에겐 굳이 임대인에게 임차권등기명령의 신청을 예고할 까닭이 없습니다.

Q 제가 임차권등기를 하고 이사를 가면 다음 임차인에게 불이익이 있다고 하던데, 정확히 어떤 불이익이 있나요?

A 임차권등기가 등재된 주택에 새로 들어온 임차인은 대항력의 취득요건(주택의 인도와 주민등록)을 모두 갖춘다 하더라도 최우선변제권을 갖지 못합니다.[36] 임차권등기 후에 새로 이사온 임차인이 최우선변제권을 행사하

면, 임차권등기를 한 기존의 임차인이 불의의 피해를 입을 수 있기 때문에
마련된 장치입니다.

Q 임대인이 보증금을 반환해줄 테니 임차권등기를 말소해달라고 연락해왔습니다. 제가 먼저 등기를 말소해주는 것이 올바른 순서가 맞나요?

A "임차권등기는 이미 임대차계약이 종료하였음에도 임대인이 그 보증금을 반환하지 않는 상태에서 경료되는 것으로, 이미 사실상 이행지체에 빠진 임대인의 임대차 보증금의 반환의무와 그에 대응하는 임차인의 권리를 보전하기 위하여 새로이 경료하는 임차권등기에 대한 임차인의 말소의무를 동시이행관계에 있는 것으로 해석할 것은 아니고, (…) 임대인의 임대차 보증금의 반환의무가 임차인의 임차권등기 말소의무보다 먼저 이행되어야 할 의무"라는 것이 법원의 판결입니다.[37] 따라서 굳이 올바른 순서를 따지자면, 임대인에게 보증금을 돌려받은 후에 임차권등기를 말소하는 것이 이치에 맞다고 할 수 있겠습니다.

Q 전세보증금 1억 5,000만 원을 8개월째 돌려받지 못하고 있는 임차인입니다. 집행권원을 얻어 강제경매를 신청하려 합니다. 제가 집을 비워줘야만 강제경매를 신청할 수 있는 건가요?

A 『주택임대차보호법』에는 "임차인이 보증금반환청구소송확정판결 등의 집행권원을 얻어 강제경매를 신청할 경우, 주택 인도 등의 반대의무 이행을 집행개시의 요건으로 하지 않는다."는 내용의 규정이 있습니다.[38] 따라서 질문자께서는 집을 비우지 않아도 됩니다.

무엇이든 물어보세요

Q 월세 계약 만료일이 5월 10일입니다. 새로운 임차인이 5월 25일에 이사를 온다고 하여 집주인의 양해를 얻어 24일까지 2주일을 더 살기로 했습니다. 추가로 더 사는 14일에 대한 월세는 어떻게 지급을 해야 하는 건가요?

A 월세는 법정과실(물건의 사용대가로서 받는 금전, 기타의 물건)에 해당합니다.[39] 『민법』제102조 제2항에는 "법정과실은 수취할 권리의 존속기간일수의 비율로 취득한다."[40]고 규정되어있는바, 임대인과 다른 약정이 없다면[41] 일할(日割)로 계산하면 됩니다.

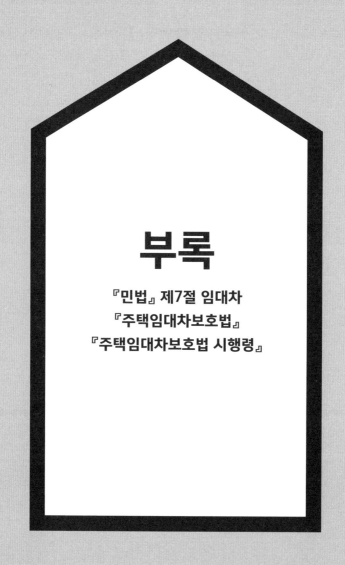

부록

『민법』 제7절 임대차
『주택임대차보호법』
『주택임대차보호법 시행령』

제618조(임대차의 의의) 임대차는 당사자 일방이 상대방에게 목적물을 사용, 수익하게 할 것을 약정하고 상대방이 이에 대하여 차임을 지급할 것을 약정함으로써 그 효력이 생긴다.

제619조(처분능력, 권한없는 자의 할 수 있는 단기임대차) 처분의 능력 또는 권한없는 자가 임대차를 하는 경우에는 그 임대차는 다음 각호의 기간을 넘지 못한다.
1. 식목, 채염 또는 석조, 석회조, 연와조 및 이와 유사한 건축을 목적으로 한 토지의 임대차는 10년
2. 기타 토지의 임대차는 5년
3. 건물 기타 공작물의 임대차는 3년
4. 동산의 임대차는 6월

제620조(단기임대차의 갱신) 전조의 기간은 갱신할 수 있다. 그러나 그 기간만료전 토지에 대하여는 1년, 건물 기타 공작물에 대하여는 3월, 동산에 대하여는 1월 내에 갱신하여야 한다.

제621조(임대차의 등기) ① 부동산임차인은 당사자간에 반대약정이 없으면 임대인에 대하여 그 임대차등기절차에 협력할 것을 청구할 수 있다.
② 부동산임대차를 등기한 때에는 그때부터 제삼자에 대하여 효력이 생긴다.

제622조(건물등기있는 차지권의 대항력) ① 건물의 소유를 목적으로 한 토지임대차는 이를 등기하지 아니한 경우에도 임차인이 그 지상건물을 등기한 때에는 제삼자에 대하여 임대차의 효력이 생긴다.
② 건물이 임대차 기간만료 전에 멸실 또는 후폐한 때에는 전항의 효력을 잃는다.

제623조(임대인의 의무) 임대인은 목적물을 임차인에게 인도하고 계약존속 중 그 사용, 수익에 필요한 상태를 유지하게 할 의무를 부담한다.

제624조(임대인의 보존행위, 인용의무) 임대인이 임대물의 보존에 필요한 행위를 하는 때에는 임차인은 이를 거절하지 못한다.

제625조(임차인의 의사에 반하는 보존행위와 해지권) 임대인이 임차인의 의사에 반하여 보존행위를 하는 경우에 임차인이 이로 인하여 임차의 목적을 달성할 수 없는 때에는 계약을 해지할 수 있다.

제626조(임차인의 상환청구권) ① 임차인이 임차물의 보존에 관한 필요비를 지출한 때에는 임대인에 대하여 그 상환을 청구할 수 있다.
② 임차인이 유익비를 지출한 경우에는 임대인은 임대차종료 시에 그 가액의 증가가 현존한 때에 한하여 임차인의 지출한 금액이나 그 증가액을 상환하여야 한다. 이 경우에 법원은 임대인의 청구에 의하여 상당한 상환기간을 허여할 수 있다.

제627조(일부멸실 등과 감액청구, 해지권) ① 임차물의 일부가 임차인의 과실없이 멸실 기타 사유로 인하여 사용, 수익할 수 없는 때에는 임차인은 그 부분의 비율

에 의한 차임의 감액을 청구할 수 있다.

② 전항의 경우에 그 잔존부분으로 임차의 목적을 달성할 수 없는 때에는 임차인은 계약을 해지할 수 있다.

제628조(차임증감청구권) 임대물에 대한 공과부담의 증감 기타 경제사정의 변동으로 인하여 약정한 차임이 상당하지 아니하게 된 때에는 당사자는 장래에 대한 차임의 증감을 청구할 수 있다.

제629조(임차권의 양도, 전대의 제한) ① 임차인은 임대인의 동의없이 그 권리를 양도하거나 임차물을 전대하지 못한다.

② 임차인이 전항의 규정에 위반한 때에는 임대인은 계약을 해지할 수 있다.

제630조(전대의 효과) ① 임차인이 임대인의 동의를 얻어 임차물을 전대한 때에는 전차인은 직접 임대인에 대하여 의무를 부담한다. 이 경우에 전차인은 전대인에 대한 차임의 지급으로써 임대인에게 대항하지 못한다.

② 전항의 규정은 임대인의 임차인에 대한 권리행사에 영향을 미치지 아니한다.

제631조(전차인의 권리의 확정) 임차인이 임대인의 동의를 얻어 임차물을 전대한 경우에는 임대인과 임차인의 합의로 계약을 종료한 때에도 전차인의 권리는 소멸하지 아니한다.

제632조(임차건물의 소부분을 타인에게 사용케 하는 경우) 전3조의 규정은 건물의 임차인이 그 건물의 소부분을 타인에게 사용하게 하는 경우에 적용하지 아니한다.

제633조(차임지급의 시기) 차임은 동산, 건물이나 대지에 대하여는 매월 말에, 기타 토지에 대하여는 매년 말에 지급하여야 한다. 그러나 수확기있는 것에 대하여는 그 수확 후 지체없이 지급하여야 한다.

제634조(임차인의 통지의무) 임차물의 수리를 요하거나 임차물에 대하여 권리를 주장하는 자가 있는 때에는 임차인은 지체없이 임대인에게 이를 통지하여야 한다. 그러나 임대인이 이미 이를 안 때에는 그러하지 아니하다.

제635조(기간의 약정없는 임대차의 해지통고) ① 임대차 기간의 약정이 없는 때에는 당사자는 언제든지 계약해지의 통고를 할 수 있다.
② 상대방이 전항의 통고를 받은 날로부터 다음 각호의 기간이 경과하면 해지의 효력이 생긴다.
  1. 토지, 건물 기타 공작물에 대하여는 임대인이 해지를 통고한 경우에는 6월, 임차인이 해지를 통고한 경우에는 1월
  2. 동산에 대하여는 5일

제636조(기간의 약정있는 임대차의 해지통고) 임대차 기간의 약정이 있는 경우에도 당사자 일방 또는 쌍방이 그 기간 내에 해지할 권리를 보류한 때에는 전조의 규정을 준용한다.

제637조(임차인의 파산과 해지통고) ① 임차인이 파산선고를 받은 경우에는 임대차 기간의 약정이 있는 때에도 임대인 또는 파산관재인은 제635조의 규정에 의하여 계약해지의 통고를 할 수 있다.
② 전항의 경우에 각 당사자는 상대방에 대하여 계약해지로 인하여 생긴 손해의 배상을 청구하지 못한다.

제638조(해지통고의 전차인에 대한 통지) ① 임대차계약이 해지의 통고로 인하여 종료된 경우에 그 임대물이 적법하게 전대되었을 때에는 임대인은 전차인에 대하여 그 사유를 통지하지 아니하면 해지로써 전차인에게 대항하지 못한다.
② 전차인이 전항의 통지를 받은 때에는 제635조제2항의 규정을 준용한다.

제639조(묵시의 갱신) ① 임대차 기간이 만료한 후 임차인이 임차물의 사용, 수익을 계속하는 경우에 임대인이 상당한 기간 내에 이의를 하지 아니한 때에는 전임대차와 동일한 조건으로 다시 임대차한 것으로 본다. 그러나 당사자는 제635조의 규정에 의하여 해지의 통고를 할 수 있다.
② 전항의 경우에 전임대차에 대하여 제삼자가 제공한 담보는 기간의 만료로 인하여 소멸한다.

제640조(차임연체와 해지) 건물 기타 공작물의 임대차에는 임차인의 차임연체액이 2기의 차임액에 달하는 때에는 임대인은 계약을 해지할 수 있다.

제641조(동전) 건물 기타 공작물의 소유 또는 식목, 채염, 목축을 목적으로 한 토지임대차의 경우에도 전조의 규정을 준용한다.

제642조(토지임대차의 해지와 지상건물 등에 대한 담보물권자에의 통지) 전조의 경우에 그 지상에 있는 건물 기타 공작물이 담보물권의 목적이 된 때에는 제288조의 규정을 준용한다.

제643조(임차인의 갱신청구권, 매수청구권) 건물 기타 공작물의 소유 또는 식목, 채염, 목축을 목적으로 한 토지임대차의 기간이 만료한 경우에 건물, 수목 기타 지상시설이 현존한 때에는 제283조의 규정을 준용한다.

제644조(전차인의 임대청구권, 매수청구권) ① 건물 기타 공작물의 소유 또는 식목, 채염, 목축을 목적으로 한 토지임차인이 적법하게 그 토지를 전대한 경우에 임대차 및 전대차의 기간이 동시에 만료되고 건물, 수목 기타 지상시설이 현존한 때에는 전차인은 임대인에 대하여 전전대차와 동일한 조건으로 임대할 것을 청구할 수 있다.
② 전항의 경우에 임대인이 임대할 것을 원하지 아니하는 때에는 제283조제2항

의 규정을 준용한다.

제645조(지상권목적토지의 임차인의 임대청구권, 매수청구권) 전조의 규정은 지상권자가 그 토지를 임대한 경우에 준용한다.

제646조(임차인의 부속물매수청구권) ① 건물 기타 공작물의 임차인이 그 사용의 편익을 위하여 임대인의 동의를 얻어 이에 부속한 물건이 있는 때에는 임대차의 종료 시에 임대인에 대하여 그 부속물의 매수를 청구할 수 있다.
② 임대인으로부터 매수한 부속물에 대하여도 전항과 같다.

제647조(전차인의 부속물매수청구권) ① 건물 기타 공작물의 임차인이 적법하게 전대한 경우에 전차인이 그 사용의 편익을 위하여 임대인의 동의를 얻어 이에 부속한 물건이 있는 때에는 전대차의 종료시에 임대인에 대하여 그 부속물의 매수를 청구할 수 있다.
② 임대인으로부터 매수하였거나 그 동의를 얻어 임차인으로부터 매수한 부속물에 대하여도 전항과 같다.

제648조(임차지의 부속물, 과실 등에 대한 법정질권) 토지임대인이 임대차에 관한 채권에 의하여 임차지에 부속 또는 그 사용의 편익에 공용한 임차인의 소유동산 및 그 토지의 과실을 압류한 때에는 질권과 동일한 효력이 있다.

제649조(임차지상의 건물에 대한 법정저당권) 토지임대인이 변제기를 경과한 최후 2년의 차임채권에 의하여 그 지상에 있는 임차인소유의 건물을 압류한 때에는 저당권과 동일한 효력이 있다.

제650조(임차건물등의 부속물에 대한 법정질권) 건물 기타 공작물의 임대인이 임대차에 관한 채권에 의하여 그 건물 기타 공작물에 부속한 임차인소유의 동산을

압류한 때에는 질권과 동일한 효력이 있다.

제651조(임대차존속기간) ① 석조, 석회조, 연와조 또는 이와 유사한 견고한 건물 기타 공작물의 소유를 목적으로 하는 토지임대차나 식목, 채염을 목적으로 하는 토지임대차의 경우를 제한 외에는 임대차의 존속기간은 20년을 넘지 못한다. 당사자의 약정기간이 20년을 넘는 때에는 이를 20년으로 단축한다.
② 전항의 기간은 이를 갱신할 수 있다. 그 기간은 갱신한 날로부터 10년을 넘지 못한다.
[단순위헌, 2011헌바234, 2013.12.26. 민법(1958. 2. 22. 법률 제471호로 제정된 것) 제651조 제1항은 헌법에 위반된다.]

제652조(강행규정) 제627조, 제628조, 제631조, 제635조, 제638조, 제640조, 제641조, 제643조 내지 제647조의 규정에 위반하는 약정으로 임차인이나 전차인에게 불리한 것은 그 효력이 없다.

제653조(일시사용을 위한 임대차의 특례) 제628조, 제638조, 제640조, 제646조 내지 제648조, 제650조 및 전조의 규정은 일시사용하기 위한 임대차 또는 전대차인 것이 명백한 경우에는 적용하지 아니한다.

제654조(준용규정) 제610조제1항, 제615조 내지 제617조의 규정은 임대차에 이를 준용한다.

『주택임대차
보호법』

제1조(목적) 이 법은 주거용 건물의 임대차(賃貸借)에 관하여「민법」에 대한 특례를 규정함으로써 국민 주거생활의 안정을 보장함을 목적으로 한다.

제2조(적용 범위) 이 법은 주거용 건물(이하 "주택"이라 한다)의 전부 또는 일부의 임대차에 관하여 적용한다. 그 임차주택(賃借住宅)의 일부가 주거 외의 목적으로 사용되는 경우에도 또한 같다.

제3조(대항력 등) ① 임대차는 그 등기(登記)가 없는 경우에도 임차인(賃借人)이 주택의 인도(引渡)와 주민등록을 마친 때에는 그 다음 날부터 제삼자에 대하여 효력이 생긴다. 이 경우 전입신고를 한 때에 주민등록이 된 것으로 본다.
② 주택도시기금을 재원으로 하여 저소득층 무주택자에게 주거생활 안정을 목적으로 전세임대주택을 지원하는 법인이 주택을 임차한 후 지방자치단체의 장 또는 그 법인이 선정한 입주자가 그 주택을 인도받고 주민등록을 마쳤을 때에는 제1항을 준용한다. 이 경우 대항력이 인정되는 법인은 대통령령으로 정한다.
③「중소기업기본법」제2조에 따른 중소기업에 해당하는 법인이 소속 직원의 주거용으로 주택을 임차한 후 그 법인이 선정한 직원이 해당 주택을 인도받고 주

민등록을 마쳤을 때에는 제1항을 준용한다. 임대차가 끝나기 전에 그 직원이 변경된 경우에는 그 법인이 선정한 새로운 직원이 주택을 인도받고 주민등록을 마친 다음 날부터 제삼자에 대하여 효력이 생긴다.

④ 임차주택의 양수인(讓受人)(그 밖에 임대할 권리를 승계한 자를 포함한다)은 임대인(賃貸人)의 지위를 승계한 것으로 본다.

⑤ 이 법에 따라 임대차의 목적이 된 주택이 매매나 경매의 목적물이 된 경우에는 「민법」 제575조제1항·제3항 및 같은 법 제578조를 준용한다.

⑥ 제5항의 경우에는 동시이행의 항변권(抗辯權)에 관한 「민법」 제536조를 준용한다

제3조의2(보증금의 회수) ① 임차인(제3조제2항 및 제3항의 법인을 포함한다. 이하 같다)이 임차주택에 대하여 보증금반환청구소송의 확정판결이나 그 밖에 이에 준하는 집행권원(執行權原)에 따라서 경매를 신청하는 경우에는 집행개시(執行開始)요건에 관한 「민사집행법」 제41조에도 불구하고 반대의무(反對義務)의 이행이나 이행의 제공을 집행개시의 요건으로 하지 아니한다.

② 제3조제1항·제2항 또는 제3항의 대항요건(對抗要件)과 임대차계약증서(제3조제2항 및 제3항의 경우에는 법인과 임대인 사이의 임대차계약증서를 말한다)상의 확정일자(確定日字)를 갖춘 임차인은 「민사집행법」에 따른 경매 또는 「국세징수법」에 따른 공매(公賣)를 할 때에 임차주택(대지를 포함한다)의 환가대금(換價代金)에서 후순위권리자(後順位權利者)나 그 밖의 채권자보다 우선하여 보증금을 변제(辨濟)받을 권리가 있다.

③ 임차인은 임차주택을 양수인에게 인도하지 아니하면 제2항에 따른 보증금을 받을 수 없다.

④ 제2항 또는 제7항에 따른 우선변제의 순위와 보증금에 대하여 이의가 있는 이해관계인은 경매법원이나 체납처분청에 이의를 신청할 수 있다.

⑤ 제4항에 따라 경매법원에 이의를 신청하는 경우에는 「민사집행법」 제152조부터 제161조까지의 규정을 준용한다.

⑥ 제4항에 따라 이의신청을 받은 체납처분청은 이해관계인이 이의신청일부터 7일 이내에 임차인 또는 제7항에 따라 우선변제권을 승계한 금융기관 등을 상대로 소(訴)를 제기한 것을 증명하면 해당 소송이 끝날 때까지 이의가 신청된 범위에서 임차인 또는 제7항에 따라 우선변제권을 승계한 금융기관 등에 대한 보증금의 변제를 유보(留保)하고 남은 금액을 배분하여야 한다. 이 경우 유보된 보증금은 소송의 결과에 따라 배분한다.

⑦ 다음 각 호의 금융기관 등이 제2항, 제3조의3제5항, 제3조의4제1항에 따른 우선변제권을 취득한 임차인의 보증금반환채권을 계약으로 양수한 경우에는 양수한 금액의 범위에서 우선변제권을 승계한다.

1. 「은행법」에 따른 은행
2. 「중소기업은행법」에 따른 중소기업은행
3. 「한국산업은행법」에 따른 한국산업은행
4. 「농업협동조합법」에 따른 농협은행
5. 「수산업협동조합법」에 따른 수협은행
6. 「우체국예금 · 보험에 관한 법률」에 따른 체신관서
7. 「한국주택금융공사법」에 따른 한국주택금융공사
8. 「보험업법」 제4조제1항제2호라목의 보증보험을 보험종목으로 허가받은 보험회사
9. 「주택도시기금법」에 따른 주택도시보증공사
10. 그 밖에 제1호부터 제9호까지에 준하는 것으로서 대통령령으로 정하는 기관

⑧ 제7항에 따라 우선변제권을 승계한 금융기관 등(이하 "금융기관 등"이라 한다)은 다음 각 호의 어느 하나에 해당하는 경우에는 우선변제권을 행사할 수 없다.

1. 임차인이 제3조제1항·제2항 또는 제3항의 대항요건을 상실한 경우
2. 제3조의3제5항에 따른 임차권등기가 말소된 경우
3. 「민법」 제621조에 따른 임대차등기가 말소된 경우

⑨ 금융기관 등은 우선변제권을 행사하기 위하여 임차인을 대리하거나 대위하

여 임대차를 해지할 수 없다

제3조의3(임차권등기명령) ① 임대차가 끝난 후 보증금이 반환되지 아니한 경우 임차인은 임차주택의 소재지를 관할하는 지방법원·지방법원지원 또는 시·군 법원에 임차권등기명령을 신청할 수 있다.

② 임차권등기명령의 신청서에는 다음 각 호의 사항을 적어야 하며, 신청의 이유와 임차권등기의 원인이 된 사실을 소명(疎明)하여야 한다.

  1. 신청의 취지 및 이유
  2. 임대차의 목적인 주택(임대차의 목적이 주택의 일부분인 경우에는 해당 부분의 도면을 첨부한다)
  3. 임차권등기의 원인이 된 사실(임차인이 제3조제1항·제2항 또는 제3항에 따른 대항력을 취득하였거나 제3조의2제2항에 따른 우선변제권을 취득한 경우에는 그 사실)
  4. 그 밖에 대법원규칙으로 정하는 사항

③ 다음 각 호의 사항 등에 관하여는 「민사집행법」 제280조제1항, 제281조, 제283조, 제285조, 제286조, 제288조제1항·제2항 본문, 제289조, 제290조제2항 중 제288조제1항에 대한 부분, 제291조 및 제293조를 준용한다. 이 경우 "가압류"는 "임차권등기"로, "채권자"는 "임차인"으로, "채무자"는 "임대인"으로 본다.

  1. 임차권등기명령의 신청에 대한 재판
  2. 임차권등기명령의 결정에 대한 임대인의 이의신청 및 그에 대한 재판
  3. 임차권등기명령의 취소신청 및 그에 대한 재판
  4. 임차권등기명령의 집행

④ 임차권등기명령의 신청을 기각(棄却)하는 결정에 대하여 임차인은 항고(抗告)할 수 있다.

⑤ 임차인은 임차권등기명령의 집행에 따른 임차권등기를 마치면 제3조제1항·제2항 또는 제3항에 따른 대항력과 제3조의2제2항에 따른 우선변제권을 취득한다. 다만, 임차인이 임차권등기 이전에 이미 대항력이나 우선변제권을 취득한 경우에는 그 대항력이나 우선변제권은 그대로 유지되며, 임차권등기 이후에는 제3

조제1항·제2항 또는 제3항의 대항요건을 상실하더라도 이미 취득한 대항력이나 우선변제권을 상실하지 아니한다.

⑥ 임차권등기명령의 집행에 따른 임차권등기가 끝난 주택(임대차의 목적이 주택의 일부분인 경우에는 해당 부분으로 한정한다)을 그 이후에 임차한 임차인은 제8조에 따른 우선변제를 받을 권리가 없다.

⑦ 임차권등기의 촉탁(囑託), 등기관의 임차권등기 기입(記入) 등 임차권등기명령을 시행하는 데에 필요한 사항은 대법원규칙으로 정한다.

⑧ 임차인은 제1항에 따른 임차권등기명령의 신청과 그에 따른 임차권등기와 관련하여 든 비용을 임대인에게 청구할 수 있다.

⑨ 금융기관 등은 임차인을 대위하여 제1항의 임차권등기명령을 신청할 수 있다. 이 경우 제3항 · 제4항 및 제8항의 "임차인"은 "금융기관 등"으로 본다.

제3조의4(「민법」에 따른 주택임대차등기의 효력 등) ① 「민법」 제621조에 따른 주택임대차등기의 효력에 관하여는 제3조의3제5항 및 제6항을 준용한다.

② 임차인이 대항력이나 우선변제권을 갖추고 「민법」 제621조제1항에 따라 임대인의 협력을 얻어 임대차등기를 신청하는 경우에는 신청서에 「부동산등기법」 제74조제1호부터 제5호까지의 사항 외에 다음 각 호의 사항을 적어야 하며, 이를 증명할 수 있는 서면(임대차의 목적이 주택의 일부분인 경우에는 해당 부분의 도면을 포함한다)을 첨부하여야 한다.

1. 주민등록을 마친 날
2. 임차주택을 점유(占有)한 날
3. 임대차계약증서상의 확정일자를 받은 날

제3조의5(경매에 의한 임차권의 소멸) 임차권은 임차주택에 대하여 「민사집행법」에 따른 경매가 행하여진 경우에는 그 임차주택의 경락(競落)에 따라 소멸한다. 다만, 보증금이 모두 변제되지 아니한, 대항력이 있는 임차권은 그러하지 아니하다.

제3조의6(확정일자 부여 및 임대차 정보제공 등) ① 제3조의2제2항의 확정일자는 주택 소재지의 읍·면사무소, 동 주민센터 또는 시(특별시·광역시·특별자치시는 제외하고, 특별자치도는 포함한다)·군·구(자치구를 말한다)의 출장소, 지방법원 및 그 지원과 등기소 또는 「공증인법」에 따른 공증인(이하 이 조에서 "확정일자부여기관"이라 한다)이 부여한다.

② 확정일자부여기관은 해당 주택의 소재지, 확정일자 부여일, 차임 및 보증금 등을 기재한 확정일자부를 작성하여야 한다. 이 경우 전산처리정보조직을 이용할 수 있다.

③ 주택의 임대차에 이해관계가 있는 자는 확정일자부여기관에 해당 주택의 확정일자 부여일, 차임 및 보증금 등 정보의 제공을 요청할 수 있다. 이 경우 요청을 받은 확정일자부여기관은 정당한 사유 없이 이를 거부할 수 없다.

④ 임대차계약을 체결하려는 자는 임대인의 동의를 받아 확정일자부여기관에 제3항에 따른 정보제공을 요청할 수 있다.

⑤ 제1항·제3항 또는 제4항에 따라 확정일자를 부여받거나 정보를 제공받으려는 자는 수수료를 내야 한다.

⑥ 확정일자부에 기재하여야 할 사항, 주택의 임대차에 이해관계가 있는 자의 범위, 확정일자부여기관에 요청할 수 있는 정보의 범위 및 수수료, 그 밖에 확정일자부여사무와 정보제공 등에 필요한 사항은 대통령령 또는 대법원규칙으로 정한다.

제4조(임대차 기간 등) ① 기간을 정하지 아니하거나 2년 미만으로 정한 임대차는 그 기간을 2년으로 본다. 다만, 임차인은 2년 미만으로 정한 기간이 유효함을 주장할 수 있다.

② 임대차 기간이 끝난 경우에도 임차인이 보증금을 반환받을 때까지는 임대차관계가 존속되는 것으로 본다.

제5조 삭제

제6조(계약의 갱신) ① 임대인이 임대차 기간이 끝나기 6개월 전부터 1개월 전까지의 기간에 임차인에게 갱신거절(更新拒絶)의 통지를 하지 아니하거나 계약조건을 변경하지 아니하면 갱신하지 아니한다는 뜻의 통지를 하지 아니한 경우에는 그 기간이 끝난 때에 전 임대차와 동일한 조건으로 다시 임대차한 것으로 본다. 임차인이 임대차 기간이 끝나기 1개월 전까지 통지하지 아니한 경우에도 또한 같다.
② 제1항의 경우 임대차의 존속기간은 2년으로 본다
③ 2기(期)의 차임액(借賃額)에 달하도록 연체하거나 그 밖에 임차인으로서의 의무를 현저히 위반한 임차인에 대하여는 제1항을 적용하지 아니한다.

제6조의2(묵시적 갱신의 경우 계약의 해지) ① 제6조제1항에 따라 계약이 갱신된 경우 같은 조 제2항에도 불구하고 임차인은 언제든지 임대인에게 계약해지(契約解止)를 통지할 수 있다
② 제1항에 따른 해지는 임대인이 그 통지를 받은 날부터 3개월이 지나면 그 효력이 발생한다.

제7조(차임 등의 증감청구권) 당사자는 약정한 차임이나 보증금이 임차주택에 관한 조세, 공과금, 그 밖의 부담의 증감이나 경제사정의 변동으로 인하여 적절하지 아니하게 된 때에는 장래에 대하여 그 증감을 청구할 수 있다. 다만, 증액의 경우에는 대통령령으로 정하는 기준에 따른 비율을 초과하지 못한다.

제7조의2(월차임 전환 시 산정률의 제한) 보증금의 전부 또는 일부를 월 단위의 차임으로 전환하는 경우에는 그 전환되는 금액에 다음 각 호 중 낮은 비율을 곱한 월차임(月借賃)의 범위를 초과할 수 없다.
  1. 「은행법」에 따른 은행에서 적용하는 대출금리와 해당 지역의 경제 여건 등을 고려하여 대통령령으로 정하는 비율
  2. 한국은행에서 공시한 기준금리에 대통령령으로 정하는 이율을 더한 비율

제8조(보증금 중 일정액의 보호) ① 임차인은 보증금 중 일정액을 다른 담보물권자(擔保物權者)보다 우선하여 변제받을 권리가 있다. 이 경우 임차인은 주택에 대한 경매신청의 등기 전에 제3조제1항의 요건을 갖추어야 한다.

② 제1항의 경우에는 제3조의2제4항부터 제6항까지의 규정을 준용한다.

③ 제1항에 따라 우선변제를 받을 임차인 및 보증금 중 일정액의 범위와 기준은 제8조의2에 따른 주택임대차위원회의 심의를 거쳐 대통령령으로 정한다. 다만, 보증금 중 일정액의 범위와 기준은 주택가액(대지의 가액을 포함한다)의 2분의 1을 넘지 못한다.

제8조의2(주택임대차위원회) ① 제8조에 따라 우선변제를 받을 임차인 및 보증금 중 일정액의 범위와 기준을 심의하기 위하여 법무부에 주택임대차위원회(이하 "위원회"라 한다)를 둔다.

② 위원회는 위원장 1명을 포함한 9명 이상 15명 이하의 위원으로 구성한다.

③ 위원회의 위원장은 법무부차관이 된다.

④ 위원회의 위원은 다음 각 호의 어느 하나에 해당하는 사람 중에서 위원장이 위촉하되, 다음 제1호부터 제5호까지에 해당하는 위원을 각각 1명 이상 위촉하여야 하고, 위원 중 2분의 1 이상은 제1호·제2호 또는 제6호에 해당하는 사람을 위촉하여야 한다.

1. 법학·경제학 또는 부동산학 등을 전공하고 주택임대차 관련 전문지식을 갖춘 사람으로서 공인된 연구기관에서 조교수 이상 또는 이에 상당하는 직에 5년 이상 재직한 사람

2. 변호사·감정평가사·공인회계사·세무사 또는 공인중개사로서 5년 이상 해당 분야에서 종사하고 주택임대차 관련 업무경험이 풍부한 사람

3. 기획재정부에서 물가 관련 업무를 담당하는 고위공무원단에 속하는 공무원

4. 법무부에서 주택임대차 관련 업무를 담당하는 고위공무원단에 속하는 공무원(이에 상당하는 특정직 공무원을 포함한다)

5. 국토교통부에서 주택사업 또는 주거복지 관련 업무를 담당하는 고위공무

원단에 속하는 공무원

6. 그 밖에 주택임대차 관련 학식과 경험이 풍부한 사람으로서 대통령령으로 정하는 사람

⑤ 그 밖에 위원회의 구성 및 운영 등에 필요한 사항은 대통령령으로 정한다.

제9조(주택 임차권의 승계) ① 임차인이 상속인 없이 사망한 경우에는 그 주택에서 가정공동생활을 하던 사실상의 혼인 관계에 있는 자가 임차인의 권리와 의무를 승계한다.

② 임차인이 사망한 때에 사망 당시 상속인이 그 주택에서 가정공동생활을 하고 있지 아니한 경우에는 그 주택에서 가정공동생활을 하던 사실상의 혼인 관계에 있는 자와 2촌 이내의 친족이 공동으로 임차인의 권리와 의무를 승계한다.

③ 제1항과 제2항의 경우에 임차인이 사망한 후 1개월 이내에 임대인에게 제1항과 제2항에 따른 승계 대상자가 반대의사를 표시한 경우에는 그러하지 아니하다.

④ 제1항과 제2항의 경우에 임대차 관계에서 생긴 채권·채무는 임차인의 권리의무를 승계한 자에게 귀속된다.

제10조(강행규정) 이 법에 위반된 약정(約定)으로서 임차인에게 불리한 것은 그 효력이 없다.

제10조의2(초과 차임 등의 반환청구) 임차인이 제7조에 따른 증액비율을 초과하여 차임 또는 보증금을 지급하거나 제7조의2에 따른 월차임 산정률을 초과하여 차임을 지급한 경우에는 초과 지급된 차임 또는 보증금 상당금액의 반환을 청구할 수 있다.

제11조(일시사용을 위한 임대차) 이 법은 일시사용하기 위한 임대차임이 명백한 경우에는 적용하지 아니한다.

제12조(미등기 전세에의 준용) 주택의 등기를 하지 아니한 전세계약에 관하여는 이 법을 준용한다. 이 경우 "전세금"은 "임대차의 보증금"으로 본다.

제13조(「소액사건심판법」의 준용) 임차인이 임대인에 대하여 제기하는 보증금반환청구소송에 관하여는 「소액사건심판법」 제6조, 제7조, 제10조 및 제11조의2를 준용한다.

제14조(주택임대차분쟁조정위원회) ① 이 법의 적용을 받는 주택임대차와 관련된 분쟁을 심의·조정하기 위하여 대통령령으로 정하는 바에 따라 「법률구조법」 제8조에 따른 대한법률구조공단(이하 "공단"이라 한다)의 지부에 주택임대차분쟁조정위원회(이하 "조정위원회"라 한다)를 둔다. 특별시·광역시·특별자치시·도 및 특별자치도(이하 "시·도"라 한다)는 그 지방자치단체의 실정을 고려하여 조정위원회를 둘 수 있다.
② 조정위원회는 다음 각 호의 사항을 심의·조정한다.
   1. 차임 또는 보증금의 증감에 관한 분쟁
   2. 임대차 기간에 관한 분쟁
   3. 보증금 또는 임차주택의 반환에 관한 분쟁
   4. 임차주택의 유지·수선 의무에 관한 분쟁
   5. 그 밖에 대통령령으로 정하는 주택임대차에 관한 분쟁
③ 조정위원회의 사무를 처리하기 위하여 조정위원회에 사무국을 두고, 사무국의 조직 및 인력 등에 필요한 사항은 대통령령으로 정한다.
④ 사무국의 조정위원회 업무담당자는 다른 직위의 업무를 겸직하여서는 아니 된다.
[시행일 : 2017.5.30.]

제15조(예산의 지원) 국가는 조정위원회의 설치·운영에 필요한 예산을 지원할 수 있다.

제16조(조정위원회의 구성 및 운영) ① 조정위원회는 위원장 1명을 포함하여 5명 이상 30명 이하의 위원으로 구성한다.

② 공단 조정위원회 위원은 공단 이사장이 임명 또는 위촉하고, 시·도 조정위원회 위원은 해당 지방자치단체의 장이 임명하거나 위촉한다.

③ 조정위원회의 위원은 주택임대차에 관한 학식과 경험이 풍부한 사람으로서 다음 각 호의 어느 하나에 해당하는 사람으로 한다. 이 경우 제1호부터 제4호까지에 해당하는 위원을 각 1명 이상 위촉하여야 하고, 위원 중 5분의 2 이상은 제2호에 해당하는 사람이어야 한다.

  1. 법학·경제학 또는 부동산학 등을 전공하고 대학이나 공인된 연구기관에서 부교수 이상 또는 이에 상당하는 직에 재직한 사람
  2. 판사·검사 또는 변호사로 6년 이상 재직한 사람
  3. 감정평가사·공인회계사·법무사 또는 공인중개사로서 주택임대차 관계 업무에 6년 이상 종사한 사람
  4. 「사회복지사업법」에 따른 사회복지법인과 그 밖의 비영리법인에서 주택임대차분쟁에 관한 상담에 6년 이상 종사한 경력이 있는 사람
  5. 해당 지방자치단체에서 주택임대차 관련 업무를 담당하는 4급 이상의 공무원
  6. 그 밖에 주택임대차 관련 학식과 경험이 풍부한 사람으로서 대통령령으로 정하는 사람

④ 조정위원회의 위원장은 제3항제2호에 해당하는 위원 중에서 위원들이 호선한다.

⑤ 조정위원회위원장은 조정위원회를 대표하여 그 직무를 총괄한다.

⑥ 조정위원회위원장이 부득이한 사유로 직무를 수행할 수 없는 경우에는 조정위원회위원장이 미리 지명한 조정위원이 그 직무를 대행한다.

⑦ 조정위원의 임기는 3년으로 하되 연임할 수 있으며, 보궐위원의 임기는 전임자의 남은 임기로 한다.

⑧ 조정위원회는 조정위원회위원장 또는 제3항제2호에 해당하는 조정위원 1명 이상을 포함한 재적위원 과반수의 출석과 출석위원 과반수의 찬성으로 의결한다.

⑨ 그 밖에 조정위원회의 설치, 구성 및 운영 등에 필요한 사항은 대통령령으로 정한다.

[시행일 : 2017.5.30.]

제17조(조정부의 구성 및 운영) ① 조정위원회는 분쟁의 효율적 해결을 위하여 3명의 조정위원으로 구성된 조정부를 둘 수 있다.

② 조정부에는 제16조제3항제2호에 해당하는 사람이 1명 이상 포함되어야 하며, 그중에서 조정위원회위원장이 조정부의 장을 지명한다.

③ 조정부는 다음 각 호의 사항을 심의·조정한다.

  1. 제14조제2항에 따른 주택임대차분쟁 중 대통령령으로 정하는 금액 이하의 분쟁

  2. 조정위원회가 사건을 특정하여 조정부에 심의·조정을 위임한 분쟁

④ 조정부는 조정부의 장을 포함한 재적위원 과반수의 출석과 출석위원 과반수의 찬성으로 의결한다.

⑤ 제4항에 따라 조정부가 내린 결정은 조정위원회가 결정한 것으로 본다.

⑥ 그 밖에 조정부의 설치, 구성 및 운영 등에 필요한 사항은 대통령령으로 정한다.

[시행일 : 2017.5.30.]

제18조(조정위원의 결격사유) 「국가공무원법」 제33조 각 호의 어느 하나에 해당하는 사람은 조정위원이 될 수 없다.

[시행일 : 2017.5.30.]

제19조(조정위원의 신분보장) ① 조정위원은 자신의 직무를 독립적으로 수행하고 주택임대차분쟁의 심리 및 판단에 관하여 어떠한 지시에도 구속되지 아니한다.

② 조정위원은 다음 각 호의 어느 하나에 해당하는 경우를 제외하고는 그 의사

에 반하여 해임 또는 해촉되지 아니한다.

1. 제18조에 해당하는 경우
2. 신체상 또는 정신상의 장애로 직무를 수행할 수 없게 된 경우

[시행일 : 2017.5.30.]

제20조(조정위원의 제척 등) ① 조정위원이 다음 각 호의 어느 하나에 해당하는 경우 그 직무의 집행에서 제척된다.

1. 조정위원 또는 그 배우자나 배우자이었던 사람이 해당 분쟁사건의 당사자가 되는 경우
2. 조정위원이 해당 분쟁사건의 당사자와 친족관계에 있거나 있었던 경우
3. 조정위원이 해당 분쟁사건에 관하여 진술, 감정 또는 법률자문을 한 경우
4. 조정위원이 해당 분쟁사건에 관하여 당사자의 대리인으로서 관여하거나 관여하였던 경우

② 사건을 담당한 조정위원에게 제척의 원인이 있는 경우에는 조정위원회는 직권 또는 당사자의 신청에 따라 제척의 결정을 한다.

③ 당사자는 사건을 담당한 조정위원에게 공정한 직무집행을 기대하기 어려운 사정이 있는 경우 조정위원회에 기피신청을 할 수 있다.

④ 기피신청에 관한 결정은 조정위원회가 하고, 해당 조정위원 및 당사자 쌍방은 그 결정에 불복하지 못한다.

⑤ 제3항에 따른 기피신청이 있는 때에는 조정위원회는 그 신청에 대한 결정이 있을 때까지 조정절차를 정지하여야 한다.

⑥ 조정위원은 제1항 또는 제3항에 해당하는 경우 조정위원회의 허가를 받지 아니하고 해당 분쟁사건의 직무집행에서 회피할 수 있다.

[시행일 : 2017.5.30.]

제21조(조정의 신청 등) ① 제14조제2항 각 호의 어느 하나에 해당하는 주택임대차분쟁의 당사자는 해당 주택이 소재하는 공단 또는 시·도 조정위원회에 분쟁의

조정을 신청할 수 있다.

② 조정위원회는 신청인이 조정을 신청할 때 조정 절차 및 조정의 효력 등 분쟁 조정에 관하여 대통령령으로 정하는 사항을 안내하여야 한다.

③ 조정위원회의 위원장은 다음 각 호의 어느 하나에 해당하는 경우 신청을 각하한다. 이 경우 그 사유를 신청인에게 통지하여야 한다.

1. 이미 해당 분쟁조정사항에 대하여 법원에 소가 제기되거나 조정 신청이 있은 후 소가 제기된 경우

2. 이미 해당 분쟁조정사항에 대하여 「민사조정법」에 따른 조정이 신청된 경우나 조정신청이 있은 후 같은 법에 따른 조정이 신청된 경우

3. 이미 해당 분쟁조정사항에 대하여 이 법에 따른 조정위원회에 조정이 신청된 경우나 조정신청이 있은 후 조정이 성립된 경우

4. 조정신청 자체로 주택임대차에 관한 분쟁이 아님이 명백한 경우

5. 피신청인이 조정절차에 응하지 아니한다는 의사를 통지하거나 조정신청서를 송달받은 날부터 7일 이내에 아무런 의사를 통지하지 아니한 경우

6. 신청인이 정당한 사유 없이 조사에 응하지 아니하거나 2회 이상 출석요구에 응하지 아니한 경우

[시행일 : 2017.5.30.]

제22조(조정절차) ① 조정위원회의 위원장은 조정신청을 접수하면 피신청인에게 조정신청서를 송달하여야 한다. 이 경우 제21조제2항을 준용한다.

② 제1항에 따라 조정신청서를 송달받은 피신청인이 조정에 응하고자 하는 의사를 조정위원회에 통지하면 조정절차가 개시된다.

③ 조정서류의 송달 등 조정절차에 관하여 필요한 사항은 대통령령으로 정한다.

[시행일 : 2017.5.30.]

제23조(처리기간) ① 조정위원회는 분쟁의 조정신청을 받은 날부터 60일 이내에 그 분쟁조정을 마쳐야 한다. 다만, 부득이한 사정이 있는 경우에는 조정위원회의

의결을 거쳐 30일의 범위에서 그 기간을 연장할 수 있다.

② 조성위원회는 제1항 단서에 따라 기간을 연장한 경우에는 기긴 연장의 사유와 그 밖에 기간 연장에 관한 사항을 당사자에게 통보하여야 한다.

[시행일 : 2017.5.30.]

제24조(조사 등) ① 조정위원회는 조정을 위하여 필요하다고 인정하는 경우 신청인, 피신청인, 분쟁 관련 이해관계인 또는 참고인에게 출석하여 진술하게 하거나 조정에 필요한 자료나 물건 등을 제출하도록 요구할 수 있다.

② 조정위원회는 조정을 위하여 필요하다고 인정하는 경우 조정위원 또는 사무국의 직원으로 하여금 조정 대상물 및 관련 자료에 대하여 조사하게 하거나 자료를 수집하게 할 수 있다. 이 경우 조정위원이나 사무국의 직원은 그 권한을 표시하는 증표를 지니고 이를 관계인에게 내보여야 한다.

③ 조정위원회위원장은 특별시장, 광역시장, 특별자치시장, 도지사 및 특별자치도지사(이하 "시·도지사"라 한다)에게 해당 조정업무에 참고하기 위하여 인근지역의 확정일자 자료, 보증금의 월차임 전환율 등 적정 수준의 임대료 산정을 위한 자료를 요청할 수 있다. 이 경우 시·도지사는 정당한 사유가 없으면 조정위원회위원장의 요청에 따라야 한다.

[시행일 : 2017.5.30.]

제25조(조정을 하지 아니하는 결정) ① 조정위원회는 해당 분쟁이 그 성질상 조정을 하기에 적당하지 아니하다고 인정하거나 당사자가 부당한 목적으로 조정을 신청한 것으로 인정할 때에는 조정을 하지 아니할 수 있다.

② 조정위원회는 제1항에 따라 조정을 하지 아니하기로 결정하였을 때에는 그 사실을 당사자에게 통지하여야 한다.

[시행일 : 2017.5.30.]

제26조(조정의 성립) ① 조정위원회가 조정안을 작성한 경우에는 그 조정안을 지

체 없이 각 당사자에게 통지하여야 한다.

② 제1항에 따라 조정안을 통지받은 당사자가 통지받은 날부터 7일 이내에 수락의 의사를 서면으로 표시하지 아니한 경우에는 조정을 거부한 것으로 본다.

③ 제2항에 따라 각 당사자가 조정안을 수락한 경우에는 조정안과 동일한 내용의 합의가 성립된 것으로 본다.

④ 제3항에 따른 합의가 성립한 경우 조정위원회위원장은 조정안의 내용을 조정서로 작성한다. 조정위원회위원장은 각 당사자 간에 금전, 그 밖의 대체물의 지급 또는 부동산의 인도에 관하여 강제집행을 승낙하는 취지의 합의가 있는 경우에는 그 내용을 조정서에 기재하여야 한다.

[시행일 : 2017.5.30.]

제27조(집행력의 부여) 제26조제4항 후단에 따라 강제집행을 승낙하는 취지의 내용이 기재된 조정서의 정본은 「민사집행법」 제56조에도 불구하고 집행력 있는 집행권원과 같은 효력을 가진다. 다만, 청구에 관한 이의의 주장에 대하여는 같은 법 제44조제2항을 적용하지 아니한다.

[시행일 : 2017.5.30.]

제28조(비밀유지의무) 조정위원, 사무국의 직원 또는 그 직에 있었던 자는 다른 법률에 특별한 규정이 있는 경우를 제외하고는 직무상 알게 된 정보를 타인에게 누설하거나 직무상 목적 외에 사용하여서는 아니 된다.

[시행일 : 2017.5.30.]

제29조(다른 법률의 준용) 조정위원회의 운영 및 조정절차에 관하여 이 법에서 규정하지 아니한 사항에 대하여는 「민사조정법」을 준용한다.

[시행일 : 2017.5.30.]

제30조(주택임대차표준계약서 사용) 주택임대차계약을 서면으로 체결할 때에는 법

무부장관이 서식을 정하여 권고하는 주택임대차표준계약서를 우선적으로 사용한다. 다만, 당사자가 다른 서식을 사용하기로 합의한 경우에는 그러하지 아니하나.

제31조(벌칙 적용에서 공무원 의제) 공무원이 아닌 주택임대차위원회의 위원 및 주택임대차분쟁조정위원회의 위원은 「형법」 제127조, 제129조부터 제132조까지의 규정을 적용할 때에는 공무원으로 본다.

[시행일 : 2017.5.30.]

『주택임대차 보호법 시행령』

제1조(목적) 이 영은 「주택임대차보호법」에서 위임된 사항과 그 시행에 관하여 필요한 사항을 정함을 목적으로 한다.

제2조(대항력이 인정되는 법인) 「주택임대차보호법」(이하 "법"이라 한다) 제3조제2항 후단에서 "대항력이 인정되는 법인"이란 다음 각 호의 법인을 말한다.
1. 「한국토지주택공사법」에 따른 한국토지주택공사
2. 「지방공기업법」 제49조에 따라 주택사업을 목적으로 설립된 지방공사

제2조의2 제9조로 이동

제3조(고유식별정보의 처리) 다음 각 호의 어느 하나에 해당하는 자는 법 제3조의6에 따른 확정일자 부여 및 임대차 정보제공 등에 관한 사무를 수행하기 위하여 불가피한 경우 「개인정보 보호법 시행령」 제19조제1호 및 제4호에 따른 주민등록번호 및 외국인등록번호를 처리할 수 있다.
   1. 시장(「제주특별자치도 설치 및 국제자유도시 조성을 위한 특별법」 제11조에 따른 행정시장을 포함하며, 특별시장·광역시장·특별자치시장은 제외한다), 군수 또는 구청

『주택임대차보호법 시행령』 **295**

장(자치구의 구청장을 말한다)

2. 읍·면·동의 장

3. 「공증인법」에 따른 공증인

제4조(확정일자부 기재사항 등) ① 법 제3조의6제1항에 따른 확정일자부여기관(지방법원 및 그 지원과 등기소는 제외하며, 이하 "확정일자부여기관"이라 한다)이 같은 조 제2항에 따라 작성하는 확정일자부에 기재하여야 할 사항은 다음 각 호와 같다.

1. 확정일자번호

2. 확정일자 부여일

3. 임대인·임차인의 인적사항

　가. 자연인인 경우

　성명, 주소, 주민등록번호(외국인은 외국인등록번호)

　나. 법인이거나 법인 아닌 단체인 경우

　법인명·단체명, 법인등록번호·부동산등기용등록번호, 본점·주사무소 소재지

4. 주택 소재지

5. 임대차 목적물

6. 임대차 기간

7. 차임·보증금

8. 신청인의 성명과 주민등록번호 앞 6자리(외국인은 외국인등록번호 앞 6자리)

② 확정일자는 확정일자번호, 확정일자 부여일 및 확정일자부여기관을 주택임대차계약증서에 표시하는 방법으로 부여한다.

③ 제1항 및 제2항에서 규정한 사항 외에 확정일자부 작성방법 및 확정일자 부여 시 확인사항 등 확정일자 부여 사무에 관하여 필요한 사항은 법무부령으로 정한다.

제5조(주택의 임대차에 이해관계가 있는 자의 범위) 법 제3조의6제3항에 따라 정보제공을 요청할 수 있는 주택의 임대차에 이해관계가 있는 자(이하 "이해관계인"이

라 한다)는 다음 각 호의 어느 하나에 해당하는 자로 한다.

1. 해당 주택의 임대인·임차인
2. 해당 주택의 소유자
3. 해당 주택 또는 그 대지의 등기기록에 기록된 권리자 중 법무부령으로 정하는 자
4. 법 제3조의2제7항에 따라 우선변제권을 승계한 금융기관
5. 제1호부터 제4호까지에 준하는 지위 또는 권리를 가지는 자로서 법무부령으로 정하는 자

제6조(요청할 수 있는 정보의 범위 및 제공방법) ① 임대차계약의 당사자는 법 제3조의6제3항에 따라 확정일자부여기관에 해당 임대차계약에 관한 다음 각 호의 사항의 열람 또는 그 내용을 기록한 서면의 교부를 요청할 수 있다.

1. 임대차 목적물
2. 임대인·임차인의 인적사항
3. 확정일자 부여일
4. 차임·보증금
5. 임대차 기간

② 임대차계약의 당사자가 아닌 이해관계인 또는 임대차계약을 체결하려는 자는 법 제3조의6제3항 또는 제4항에 따라 확정일자부여기관에 다음 각 호의 사항의 열람 또는 그 내용을 기록한 서면의 교부를 요청할 수 있다.

1. 임대차 목적물
2. 확정일자 부여일
3. 차임·보증금
4. 임대차 기간

③ 제1항 및 제2항에서 규정한 사항 외에 정보제공 요청에 필요한 사항은 법무부령으로 정한다.

제7조(수수료) ① 법 제3조의6제5항에 따라 확정일자부여기관에 내야 하는 수수료는 확정일자 부여에 관한 수수료와 정보제공에 관한 수수료로 구분하며, 그 구체적인 금액은 법무부령으로 정한다.

② 「국민기초생활 보장법」에 따른 수급자 등 법무부령으로 정하는 사람에 대해서는 제1항에 따른 수수료를 면제할 수 있다.

제8조(차임 등 증액청구의 기준 등) ① 법 제7조에 따른 차임이나 보증금(이하 "차임 등"이라 한다)의 증액청구는 약정한 차임 등의 20분의 1의 금액을 초과하지 못한다.

② 제1항에 따른 증액청구는 임대차계약 또는 약정한 차임 등의 증액이 있은 후 1년 이내에는 하지 못한다.

제9조(월차임 전환 시 산정률) ① 법 제7조의2제1호에서 "대통령령으로 정하는 비율"이란 연 1할을 말한다.

② 법 제7조의2제2호에서 "대통령령으로 정하는 이율"이란 연 3.5퍼센트를 말한다.

제10조(보증금 중 일정액의 범위 등) ① 법 제8조에 따라 우선변제를 받을 보증금 중 일정액의 범위는 다음 각 호의 구분에 의한 금액 이하로 한다.

  1. 서울특별시: 3천400만 원
  2. 「수도권정비계획법」에 따른 과밀억제권역(서울특별시는 제외한다): 2천700만 원
  3. 광역시(「수도권정비계획법」에 따른 과밀억제권역에 포함된 지역과 군지역은 제외한다), 세종특별자치시, 안산시, 용인시, 김포시 및 광주시: 2천만 원
  4. 그 밖의 지역: 1천700만 원

② 임차인의 보증금 중 일정액이 주택가액의 2분의 1을 초과하는 경우에는 주택가액의 2분의 1에 해당하는 금액까지만 우선변제권이 있다.

③ 하나의 주택에 임차인이 2명 이상이고, 그 각 보증금 중 일정액을 모두 합한 금액이 주택가액의 2분의 1을 초과하는 경우에는 그 각 보증금 중 일정액을 모

두 합한 금액에 대한 각 임차인의 보증금 중 일정액의 비율로 그 주택가액의 2분의 1에 해당하는 금액을 분할한 금액을 각 임차인의 보증금 중 일정액으로 본다.
④ 하나의 주택에 임차인이 2명 이상이고 이들이 그 주택에서 가정공동생활을 하는 경우에는 이들을 1명의 임차인으로 보아 이들의 각 보증금을 합산한다.

제11조(우선변제를 받을 임차인의 범위) 법 제8조에 따라 우선변제를 받을 임차인은 보증금이 다음 각 호의 구분에 의한 금액 이하인 임차인으로 한다.

1. 서울특별시 : 1억 원
2. 「수도권정비계획법」에 따른 과밀억제권역(서울특별시는 제외한다) : 8천만 원
3. 광역시(「수도권정비계획법」에 따른 과밀억제권역에 포함된 지역과 군지역은 제외한다), 세종특별자치시, 안산시, 용인시, 김포시 및 광주시 : 6천만 원
4. 그 밖의 지역 : 5천만 원

제12조(주택임대차위원회의 구성) 법 제8조의2제4항제6호에서 "대통령령으로 정하는 사람"이란 다음 각 호의 어느 하나에 해당하는 사람을 말한다.

1. 특별시·광역시·도 및 특별자치도(이하 "시·도"라 한다)에서 주택정책 또는 부동산 관련 업무를 담당하는 주무부서의 실·국장
2. 법무사로서 5년 이상 해당 분야에서 종사하고 주택임대차 관련 업무 경험이 풍부한 사람

제13조(위원의 임기 등) ① 법 제8조의2에 따른 주택임대차위원회(이하 "위원회"라 한다)의 위원의 임기는 2년으로 하되, 한 차례만 연임할 수 있다. 다만, 공무원인 위원의 임기는 그 직위에 재직하는 기간으로 한다.
② 위원장은 위촉된 위원이 다음 각 호의 어느 하나에 해당하는 경우에는 해당 위원을 해촉할 수 있다.

1. 심신장애로 인하여 직무를 수행할 수 없게 된 경우
2. 직무와 관련한 형사사건으로 기소된 경우

3. 직무태만, 품위손상, 그 밖의 사유로 인하여 위원으로 적합하지 아니하다고
인정되는 경우
4. 위원 스스로 직무를 수행하는 것이 곤란하다고 의사를 밝히는 경우

제14조(위원장의 직무) ① 위원장은 위원회를 대표하고, 위원회의 업무를 총괄한다.
② 위원장이 부득이한 사유로 인하여 직무를 수행할 수 없을 때에는 위원장이
미리 지명한 위원이 그 직무를 대행한다.

제15조(간사) ① 위원회에 간사 1명을 두되, 간사는 주택임대차 관련 업무에 종
사하는 법무부 소속의 고위공무원단에 속하는 일반직 공무원(이에 상당하는 특정
직·별정직 공무원을 포함한다) 중에서 위원회의 위원장이 지명한다.
② 간사는 위원회의 운영을 지원하고, 위원회의 회의에 관한 기록과 그 밖에 서
류의 작성과 보관에 관한 사무를 처리한다.
③ 간사는 위원회에 참석하여 심의사항을 설명하거나 그 밖에 필요한 발언을 할
수 있다.

제16조(위원회의 회의) ① 위원회의 회의는 매년 1회 개최되는 정기회의와 위원장
이 필요하다고 인정하거나 위원 3분의 1 이상이 요구할 경우에 개최되는 임시회
의로 구분하여 운영한다.
② 위원장은 위원회의 회의를 소집하고, 그 의장이 된다.
③ 위원회의 회의는 재적위원 과반수의 출석으로 개의하고, 출석위원 과반수의
찬성으로 의결한다.
④ 위원회의 회의는 비공개로 한다.
⑤ 위원장은 위원이 아닌 자를 회의에 참석하게 하여 의견을 듣거나 관계 기관·
단체 등에게 필요한 자료, 의견 제출 등 협조를 요청할 수 있다.

제17조(실무위원회) ① 위원회에서 심의할 안건의 협의를 효율적으로 지원하기

위하여 위원회에 실무위원회를 둔다.

② 실무위원회는 다음 각 호의 사항을 협의·조정한다.

    1. 심의안건 및 이와 관련하여 위원회가 위임한 사항

    2. 그 밖에 위원장 및 위원이 실무협의를 요구하는 사항

③ 실무위원회의 위원장은 위원회의 간사가 되고, 실무위원회의 위원은 다음 각
호의 사람 중에서 그 소속기관의 장이 지명하는 사람으로 한다.

    1. 기획재정부에서 물가 관련 업무를 담당하는 5급 이상의 국가공무원

    2. 법무부에서 주택임대차 관련 업무를 담당하는 5급 이상의 국가공무원

    3. 국토교통부에서 주택사업 또는 주거복지 관련 업무를 담당하는 5급 이상의
       국가공무원

    4. 시·도에서 주택정책 또는 부동산 관련 업무를 담당하는 5급 이상의 지방공
       무원

제18조(전문위원) ① 위원회의 심의사항에 관한 전문적인 조사·연구업무를 수행
하기 위하여 5명 이내의 전문위원을 둘 수 있다.

② 전문위원은 법학, 경제학 또는 부동산학 등에 학식과 경험을 갖춘 사람 중에
서 법무부장관이 위촉하고, 임기는 2년으로 한다.

제19조(수당) 위원회 또는 실무위원회 위원에 대해서는 예산의 범위에서 수당을
지급할 수 있다. 다만, 공무원인 위원이 그 소관 업무와 직접적으로 관련되어 위
원회에 출석하는 경우에는 그러하지 아니하다.

제20조(운영세칙) 이 영에서 규정한 사항 외에 위원회의 운영에 필요한 사항은 법
무부장관이 정한다.

미주

시작하기 전에

1 『공인중개사법』 제2조 제2호, 제4호
2 『공인중개사법 시행령』 제26조 제1항

CHAPTER.01 #정보수집활동 #임장활동

1 『공인중개사법』 제32조 제1항
2 『공인중개사법 시행령』 제27조의2
3 부산지법 2007. 1. 25. 선고 2005나10473 판결
4 『공인중개사법』 제32조 제1항
5 『공인중개사법 시행규칙』 제20조 제1항
6 『공인중개사법 시행규칙』 제20조 제5항 제1호
7 『공인중개사법』 제17조, 『공인중개사법 시행규칙』 제10조 제2호
8 『공인중개사법 시행규칙』 제20조 제6항
9 『서울특별시 주택 중개보수 등에 관한 조례』 제2조 제1항, 제2호
10 『공인중개사법 시행규칙』 제20조 제4항 제1호
11 『공인중개사법』 제33조 제1항 제7호, 제18조 제1항 제9호, 제49조 제1항 제10호
12 대법원 2007. 12. 20 선고 2005다32159 전원합의체 판결
13 2006년 법제처 유권해석 참조(건설교통부 질의 법제처 회답, 안건번호 : 06-0211)
14 『부가가치세법』 제30조
15 2016년 법제처 유권해석 참조(민원인 질의 법제처 회답, 안건번호 : 15-0523)
16 『공인중개사법』 제30조 제1항
17 『공인중개사법 시행령』 제24조 제1항
18 『공인중개사법』 제30조 제3항
19 『공인중개사법 시행령』 제26조 제1항
20 『주택임대차보호법』 제2조
21 『민법』 제618조
22 『공인중개사법 시행규칙』 제20조 제3항

CHAPTER.02 #권리관계분석 #임대차계약

1 『주택임대차계약증서의 확정일자 부여 및 정보제공에 관한 규칙』 제10조 제1항 제1호
2 『2015 확정일자 업무편람』 51p → "임대차계약을 체결하려는 자가 확정일자에 관한 정보를 요청하는 경우에는 임대인의 동의서 및 인감증명서(또는 본인서명사실확인서)나 신분증명서 사본 등 임대인의 동의를 받았음을 증명할 수 있는 서류"
3 『주택임대차계약증서의 확정일자 부여 및 정보제공에 관한 규칙』 제10조 제1항 제2호
4 대법원 1962. 4. 4. 선고 63나1 판결
5 『민법』 제827조 제1항
6 대법원 1993. 9. 28. 선고 93다16369 판결
7 『공인중개사법』 제17조
8 『공인중개사법』 제51조 제3항 제1호
9 대법원 1997. 9. 30. 선고 95다39526 판결
10 『민법』 제629조 제1항
11 『민법』 제629조 제2항
12 『민법』 제632조
13 대법원 1997. 9. 30. 선고 95다39526 판결
14 대법원 1999. 4. 23. 선고 98다49753 판결
15 대법원 1999. 4. 23. 선고 98다49753 판결
16 『민법』 제157조
17 『공인중개사법 시행령』 제22조 제2항
18 『공인중개사법』 제26조 제1항
19 http://www.kar.or.kr (2015년 5월 13일 버전)
20 대법원 1999. 4. 13 선고99다4207 판결
21 『주택임대차보호법』 제4조 제1항
22 『민법』 제623조
23 대법원 1994. 12. 9. 선고 94나34692, 94다34708 판결
24 출처 : 공동주택관리정보시스템(http://www.k-apt.go.kr)
25 『주택법 시행령』 제66조 제5항
26 『통신비밀보호법』 제14조 제1항, 제2항
27 『주택임대차계약증서상의 확정일자 부여 및 임대차 정보제공에 관한 규칙』 제3조
28 『공인중개사법』 제25조 제3항, 제26조 제1항, 제30조 제5항
29 『공인중개사법 시행령』 제21조 제3항
30 대법원 1995. 4. 28. 선고 94다27427 판결
31 대법원 1998. 5. 29. 선고 97다38503 판결
32 『주택임대차보호법』 제3조 제1항
33 대법원 1999. 4. 13. 선고99다4207 판결
34 『주택임대차계약증서상의 확정일자 부여 및 임대차 정보제공에 관한 규칙』 제3조 제6호
35 대법원 2002. 3. 15. 선고 2001다80204 판결
36 『2015 확정일자 업무편람』 35P → "전입신고와 확정일자 부여의 선후 제한 없음

: 전입신고 전에도 확정일자 부여 가능"
37 『민법』 제621조 제1항, 제2항 및 제303조
38 『주택임대차보호법』 제10조
39 대법원 1999. 5. 25 선고 99다9981 판결
40 『주택임대차보호법』 제3조 제1항
41 『주택임대차보호법』 제3조 제4항
42 『주택임대차보호법』 제3조의2 제2항
43 『주택임대차보호법』 제1조
44 『출입국관리법』 제88조의2 제2항 및 서울민사지방법원 1993. 12. 16 선구93가합 73367 제11부 판결
45 『재외동포의 출입국과 법적 지위에 관한 법률』 제6조 제1항, 제2항
46 『주택임대차보호법』 제3조 제3항
47 『주택임대차보호법』 제3조 제2항
48 『주택임대차보호법』 제2조
49 『주택임대차보호법』 제2조
50 대법원 1987. 4. 28. 선고 86다카2407 판결
51 대법원 1996. 3. 12. 선고 95다51953 판결
52 대법원 1986. 1. 21. 선고 85다카1367판결
53 대법원 1987. 3. 24. 선고 86다카164 판결
54 『주택임대차보호법』 제11조
55 대법원 1996. 1. 26. 선고 95다30338 판결
56 『사문서의 일자확정 업무처리에 관한 예규』 제4조 제1항
57 『2015 확정일자 업무편람』 17p → "임대차계약의 당사자가 아니라도 주택임대차계약증서 원본의 소지인이면 누구나 확정일자부여 가능.", "계약증서의 위변조 가능성을 차단하기 위해 확정일자 부여 신청은 계약증서 원본으로만 가능하도록 하고, 확정일자부여기관이 신청인의 인적 사항(신분증)을 확인 한 후 확정일자부에 신청인의 성명과 주민등록번호 앞 6자리를 기재하도록 하였음"
58 대법원 1995. 10. 12. 선고 95다22283 판결
59 『주택임대차보호법』 제2조
60 대법원 2007. 6. 21. 선고 2004다26133 판결
61 대법원 1996.6.25. 선고 96다12474 판결
62 『민법』 제565조 제1항, 제567조
63 『민법』 제565조 제1항
64 『민법』 제544조
65 대법원 2008. 3. 13. 선고 2007다73611 판결, 대법원 1999. 10. 26 선고 99다48160 판결
66 창원지방법원 통영지원 2012. 11. 7. 선고 2012가소8843 판결
67 대법원 2008. 3. 13. 선고 2007다73611 판결

CHAPTER.03 #입주와 거주 #임차인과 임대인

1 『민법』 제618조
2 『민법』 제633조
3 『민법』 제640조
4 대법원 1962. 10. 11. 선고 62다496 판결
5 대법원 1994. 9. 9. 선고 94다4417 판결
6 『민법』 제652조
7 『주택임대차보호법』 제7조, 『주택임대차보호법 시행령』 제8조 제1항, 제2항
8 서울지법 동부지원 1998. 12. 11. 선고 98가합19149 판결
9 『주택임대차보호법』 제7조의2 제1호, 제2호, 『주택임대차보호법 시행령』 제9조 제1항, 제2항
10 『주택임대차보호법』 제10조, 제10조의2
11 『조세특례제한법』 제95조의2 제1항, 『조세특례제한법 시행령』 제95조 제2항 제3호
12 『주택임대차보호법』 제7조, 『주택임대차보호법 시행령』 제8조 제1항, 제2항
13 대법원 1993. 12. 7. 선고 93다30532 판결, 2002. 6. 28. 선고, 2002다23482 판결
14 서울지법 동부지원 1998. 12. 11. 선고 98가합19149 판결
15 『민법』 618조
16 『민법』 제646조
17 대법원 1990. 1. 23. 선고 88다카7245 판결
18 『민법』 제615조, 제654조
19 『민법』 제626조 제1항
20 대법원 1991. 8. 27. 선고 91다15591, 15607(반소) 판결
21 『민법』 제626조 제2항
22 『민법』 제654조, 제617조
23 『민법』 제623조, 제580조
24 『민법』 제627조 제1항, 제567조, 제572조 제1항
25 『민법』 제627조 제2항, 제567조, 제572조 제2항
26 『민법』 제374조
27 『민법』 제624조
28 『민법』 제625조
29 『민법』 제615조, 제654조
30 『민법』 제615조, 제618조, 제624조, 제654조
31 『민법』 제623조
32 대법원 1994. 12. 9. 선고 94다34692, 94다34708 판결
33 대법원 1997. 4. 25. 선고 96다44778, 44785 판결
34 『민법』 제214조, 제623조
35 『민법』 제567조
36 대법원 1988. 1. 19. 선고 87다카1315 판결
37 대법원 1977. 9. 28. 선고 77다1241, 1242 판결
38 『민법』 제536조 제1항

39 『민법』제565조 제1항, 제567조

40 『주택임대차보호법』제3조 제1항, 제4항

41 『민법』제626조 제1항

42 『민법』제623조

43 대법원 1994. 12. 9. 선고 94나34692, 94다34708 판결

44 『주택임대차보호법』제3조 제1항, 제3항

45 대법원 2012. 7. 12. 선고 2010다42990 판결

46 『주택임대차계약증서상의 확정일자 부여 및 임대차 정보제공에 관한 규칙』제3조 제6호

47 『2015 확정일자 업무편람』32P~33P → "임차인이 계약을 갱신하면서 기존 계약서에 새로운 내용을 추가하는 방식으로 계약서를 작성한 경우에는 그 계약서에 확정일자가 부여되어있다고 하더라도 확정일자 부여가 가능", "추가 기재된 내용에 대하여 재계약이라는 취지가 명확히 표시되어야 하고, 계약당사자의 서명이나 날인이 되어있어야 함", "기존 계약서의 내용을 삭제한 후 변경된 내용을 기재한 경우에는 종전계약의 기간과 보증금이 계약서 자체에 나타나지 않는 문제점이 있으므로, 종전계약의 기간과 보증금액이 얼마인지, 재계약기간과 증액된 보증금이 얼마인지 명확히 구분 기재한 후 계약당사자의 서명이나 날인이 있어야 함", "만약 재계약이라는 취지와 서명·날인이 없으면 임차인이 불이익을 당할 수 있음을 설명한 후 재계약이라는 취지를 기재하고, 당사자가 서명·날인을 해오도록 보완 요청"

48 『주택임대차보호법』제6조 제1항

49 『주택임대차보호법』제6조 제3항

50 『주택임대차보호법』제6조 제2항

51 『주택임대차보호법』제6조의2 제1항

52 『주택임대차보호법』제6조의2 제2항

53 『주택임대차보호법』제4조 제1항

54 『주택임대차보호법』제6조 제2항

55 『주택임대차보호법』제6조의2 제1항

56 『주택임대차보호법』제6조의2 제2항

57 대법원 1996. 4. 26 선고 96다5551, 5568 판결

58 『주택임대차보호법』제6조 제1항

59 『주택임대차보호법』제6조의2 제1항

60 『주택임대차보호법』제6조의2 제2항

61 대법원 1989. 7. 11. 선고 88다카21029 판결

62 『민사집행법』제79조 제1항, 제268조

63 『민사집행법』제94조 제1항

64 『민사집행법』제84조, 제88조

65 『민사집행법』제85조 제1항, 『민사집행규칙』제46조

66 『민사집행법』제97조 제1항

67 『민사집행법』제105조 제2항, 『민사집행규칙』제55조

68 『민사집행법』제103조, 『부동산등에 대한 경매절차 처리지침』제3조 제1항

69 『민사집행법』 제135조
70 『민사집행법』 제145조
71 『부동산등에 대한 경매절차 처리지침』 제6조 제1항
72 『민사집행규칙』 제48조, 제91조 제1항
73 대법원 1997. 10. 10. 선고 95다44597 판결
74 『주택임대차보호법』 제3조 제1항, 제8조 제1항
75 『주택임대차보호법 시행령』 제11조
76 『주택임대차보호법 시행령』 제10조 제1항
77 『주택임대차보호법 시행령』 제10조 제2항
78 『주택임대차보호법 시행령』 제10조 제3항
79 『주택임대차보호법 시행령』 제10조 제4항
80 『주택임대차보호법 시행령』 부칙 제4조
81 http://www.iros.go.kr
82 대법원 2002. 3. 29. 선고 2001다84824 판결
83 대법원 2007. 11. 15. 선고 2007다45562 판결
84 『주택임대차보호법』 제3조의5, 대법원 2000. 2. 11. 선고 99다59306 판결
85 『주택임대차보호법』 제3조 제4항
86 대법원 1992. 7. 14. 선고 92다12827 판결, 대법원 1986. 7. 22. 선고 86다카466 판결
87 대법원 2008. 5. 15. 선고 2007다23203 판결
88 대구지법 2004. 3. 31. 선고 2003가단134010 판결

CHAPTER.04 #이사나오기 #퇴거

1 『주택임대차보호법』 제4조 제2항
2 대법원 2008. 3. 13. 선고 2007다54023 판결, 대법원 1997. 10. 10. 선고 95다44597 판결
3 『주택임대차보호법』 제3조의3 제1항
4 『임차권등기명령 절차에 관한 규칙』 제2조 제1항 제5호
5 『주택임대차보호법』 제3조의3 제8항
6 『주택임대차보호법』 제3조의3 제6항
7 대법원 2005. 6. 9. 선고 2005다4529 판결
8 『공증인법』 제56조의2 제1항
9 『공증인법』 제56조의2 제4항
10 『민사소송법』 제462조, 467조
11 『민사소송법』 제463조, 제464조, 제468조
12 『민사소송법』 제469조 제1항
13 『민사소송법』 제469조 제2항, 제470조 제1항
14 『민사소송법』 제672조
15 『민사소송등 인지법』 제7조 제2항

16 『민사조정법』제1조
17 『민사조정법』제5조 제1항
18 『민사조정규칙』제2조 제1항
19 『민사조정법』제5조 제2항
20 『민사조정법』제15조 제1항
21 『민사조정법』제31조, 제32조
22 『민사조정법』제34조, 제36조 제1항
23 『민사조정법』제28조
24 『민사조정법』제29조
25 『민사조정법』제30조
26 『민사조정법』제34조, 제36조 제1항
27 『민사조정규칙』제3조
28 『민사집행법』제79조 제1항
29 『민사집행법』제18조 제1항
30 『민사집행법』제53조 제1항
31 『주택임대차보호법』제3조의3 제1항
32 『주택임대차보호법』제3조의3 제8항
33 『주택임대차보호법』제2조
34 대법원 1996. 3. 12. 선고 95다51953 판결
35 『주택임대차보호법』제3조의3 제1항
36 『주택임대차보호법』제3조의3 제6항
37 대법원 2005. 6. 9. 선고 2005다4529 판결
38 『주택임대차보호법』제3조의2 제1항
39 『민법』제101조 제2항
40 『민법』제102조 제2항
41 『민법』제105조